SHAKESPEARE

Tujie Tianxia
Mingren Congshu

图解天下名人丛书　　本书编写组◎编

U0782836

莎士比亚

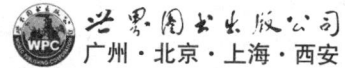

世界图书出版公司
广州·北京·上海·西安

图书在版编目（CIP）数据

莎士比亚/《图解天下名人丛书》编委会编．—广州：
广东世界图书出版公司，2009.6（2024.2 重印）

（图解天下名人丛书）

ISBN 978－7－5100－0694－4

Ⅰ．莎…　Ⅱ．图…　Ⅲ．莎士比亚，W.（1564～1616）—
传记—画册　Ⅳ．K835.615.6－64

中国版本图书馆 CIP 数据核字（2009）第 103055 号

书　　名	莎士比亚
	SHASHIBIYA
编　　者	《图解天下名人丛书》编委会
责任编辑	陶　莎
装帧设计	三棵树设计工作组
出版发行	世界图书出版有限公司　世界图书出版广东有限公司
地　　址	广州市海珠区新港西路大江冲 25 号
邮　　编	510300
电　　话	020-84452179
网　　址	http://www.gdst.com.cn
邮　　箱	wpc_gdst@163.com
经　　销	新华书店
印　　刷	唐山富达印务有限公司
开　　本	787mm×1092mm　1/16
印　　张	12
字　　数	160 千字
版　　次	2009 年 6 月第 1 版　2024 年 2 月第 10 次印刷
国际书号	ISBN　978-7-5100-0694-4
定　　价	59.80 元

前　言

威廉·莎士比亚（W. William Shakespeare；公元 1564～1616 年）于公元 1564 年 4 月 23 日生于英格兰沃里克郡史特拉福镇。他是英国文艺复兴时期杰出的戏剧家和诗人，代表作有四大悲剧《哈姆雷特》、《奥赛罗》、《李尔王》、《麦克白》，喜剧《威尼斯商人》等和一百多首十四行诗。他是"英国戏剧之父"。本·琼斯称他为"时代的灵魂"，马克思称他为"人类最伟大的天才之一"。他被人们誉为"人类文学奥林匹克山上的宙斯"。

莎士比亚的父亲约翰·莎士比亚是经营羊毛、皮革制造及谷物生意的杂货商，1565 年任镇民政官，三年后被选为镇长。莎士比亚童年时在当地文法学校读书。历史学家乔治·斯蒂文森说，后人从这些文字资料中大概可以勾勒出莎士比亚的生活轨迹：13 岁时家道中落，此后辍学经商；22 岁时前往伦敦，在剧院工作，后来成为演员和剧作家；1597 年重返家乡购置房产，度过人生的最后时光。他虽受过良好的基本教育，但是未上过大学。1582 年，在他 18 岁时与一个 26 岁的女子结婚。他不满 21 岁时已有了三个孩子。

几年后莎士比亚来到伦敦，成为一名演员和剧作家。关于莎士比亚开始创作的具体时间依旧是一个谜，但是同一时期演出的线索和记录显示到 1592 年伦敦舞台已经表演了他的几部剧作。那时他在伦敦已很有知名度。他三十而立，蜚声剧坛，四年后就已经成了英国戏剧界的泰斗。

在随后的十年中他写了《尤利乌斯·凯撒》、《奥赛罗》、《麦克白》和《李尔王》等杰作。传记作家认为他的文学生涯可能开始于 1580 年代中期到格林评论之前的某个时候。1594 年开始，莎士比亚的戏剧只在官内大臣剧团演出。这是一家由剧作家组建的剧团，莎士比亚也是股东之一，后来成为伦敦最主要的剧团。1603 年女王伊丽莎白一世逝世后，新国王詹姆士一世授予剧团皇家标志，并改名为国王剧团。

1599 年，剧团的一个合伙人在泰晤士河南岸建造了他们自己的剧院——环球剧场。1608 年，黑衣修士剧院也被他们接管。莎士比亚的财产购买和投资记录表明剧团使他变得富有。1597 年，他买入了爱汶河畔史特拉福的第二大房子；1605 年，他在史特拉福投资获取了教区什一税的收缴业务。

1594 年开始，莎士比亚的一些剧本以四开本出版。到 1598 年，他的名字已经成为卖点并开始出现在扉页上。

1606 年到 1607 年以后，莎士比亚创作的剧本较少；1613 年之后没有新的作品问世。

莎士比亚在伦敦住了二十多年，而在此期间他的妻子仍一直居住在史特拉福。他在接近天命之年时隐退回归故里史特拉福（1612 年左右）。1616 年 4 月 23 日莎士比亚在其 52 岁生日时不幸去世，葬于圣三一教堂。他死前留有遗嘱。

莎士比亚在 1590～1612 的二十余年内共写了 37 部戏剧（如加上与弗莱彻合写的《两位贵亲》则是 38 部），还写有两首长诗《维纳斯与阿多尼斯》、《鲁克丽丝受辱记》和 154 首十四行诗。他的戏剧多取材于历史记载、小说、民间传说和老戏等已有的材料，反映了封建社会向资本主义社会过渡的历史现实，宣扬了新兴资产阶级的人道主义思想和人性论观点。由于他一方面广泛借鉴古代戏剧、英国中世纪戏剧以及欧洲新兴的文化艺术，另一方面深刻观察人生、了解社会、掌握时代的脉搏，故使莎士比亚得以塑造出众多栩栩如生的人物形象，描绘广阔的、五光十色的社会生活图景，并使之以悲喜交融、富于诗意和想象、寓统一于矛盾变化之中以及富有人生哲理和批判精神等特点著称。

目录

莎士比亚
Shashibiya

目录

目录

莎士比亚
Shashibiya

爱汶河畔走出的演员

时间会刺破青春的华丽精致；会把平行线刻上美人的额角；会吃掉稀世之珍，天生丽质。

——莎士比亚

出生于爱汶河畔

英格兰有许多市镇叫做史特拉福，其中坐落于爱汶河两岸的那个小城最是地灵人杰，傲视群伦。"史特拉福的约翰"曾任坎特伯里天主教，而休·柯罗普登更曾官拜首都伦敦的市长。

1932年重建的莎士比亚剧院，坐落于爱汶河畔的史特拉福

16世纪中叶，这些特殊的光荣虽然已是昨日黄花，但跨坐在爱汶河上、由休·柯罗普登斥巨资所修筑的石桥，与伦敦之间

终年交通不断，使得史特拉福成为一个繁荣的市集及华维克郡的大城之一。 出生于近郊村庄中的青年们若是无意于做农夫，就会移居于城内，学习某种行业，然后定居下来。

在向往史特拉福的华维克青年之中，有一个名唤约翰·莎士比亚的青年，他住在城北四里外一个叫做史尼特菲尔德的小村落里。 约翰的父兄俱为佃农，可是约翰却不想步他们的后尘，于是，他背井离乡来到史特拉福。

约翰·莎士比亚选择了制造手套这一行。 当时人人都要戴手套，而本地的制造业者又受到"国会法案"的保护，所以制造手套在当时是一门很有赚头的行业，也是史特拉福城势力最庞大的行业之一。 手套业者们在铺砌整齐的市场广场的大钟下，选择了最有利的位置，搭起了摊棚，直到一百年后，才被绸缎商人所取代。

约翰·莎士比亚经营的是细致的白皮，它是制造高级手套的原料。 不过，他在业余时间也同旁人一样经营销售其他的商品，从木材到羊毛，应有尽有。

史特拉福没有城墙，它的街道非常挺直而宽阔，然而在精神上却仍旧是个禁锢、褊狭的中世纪小城镇。 像英格兰的其他市镇一样，史城是根据前人传下来的一套严格方法来治理的。 市镇当局竭尽全力保护当地实业，不容外人介入，所有的行业都被严格地控制和督导，居民们需谨遵法规以维持治安。 史城的居民若是不给自己的狗儿戴上口罩或让鸭子乱跑，玩牌或玩"任何不法的游戏"，夏季里孩子到了晚上 8 点尚未返家，没有清扫水沟，或是从城里的碎石坑里"借"些碎石自用，那就等着罚款吧！ 要带外乡人回家需取得官方特许，如果出于同情让个大肚子的"陌生女人"在家里住着，罚金就会更重。

法规是如此繁多，要想一点也不犯错简直不可能，所以，史城还没哪个居民德行如此高尚、出众，从来没被处以罚金的。

税收的最佳来源是法律禁止市民"私倒垃圾"，市民必须使用四五处指定的垃圾场。 史城居民最常犯的过错是"在寝室门

莎士比亚
Shashibiya

口堆置垃圾"，几乎每联保的十家皆因此而受罚。 约翰·莎士比亚首次上纪录，被罚款 12 便士，就是因和两位备受尊敬的邻人在自家附近堆置废物而导致的结果。

在食品方面，史城也有一套严格的中世纪式的方法，管制着价格和品质。 每年有两名"酒官"负责督管面包师傅、屠夫、旅馆业者严守价格规定；不让酿酒业者在酿制过程中添加"蛇麻子或其他骗人的玩意儿"；也不许零售啤酒的妇女以未密封的酒待客。 1556 年 9 月，约翰·莎士比亚曾出任酒官。

次年，约翰进入史城的治理机构——议会，在古老而漂亮的市政大楼里开会，穿的是特别的袍子。 要是忘记穿袍子，那得罚 12 便士。

1558 年，约翰又成为这个自治市的警官之一。 这个职位可要身强力壮、意志坚决的人才能胜任。 他当了警官不到两个月，玛丽女王就去世了。 玛丽在位时，英格兰奉行天主教，新教徒一律被视为叛党。 伊丽莎白女王继位，英格兰又改奉新教，不少天主教徒并不服膺新女王，因而使得警官这个职业更忙碌了。

1559 年，约翰·莎士比亚又重获任命为小警官，并对该城法律未有明文规定的过错加以判定、处罚。 约翰的表现一定很出色，因为在 1561 年他与约翰·泰勒同被任命为市政官，负责监管当地的税收。 此时这个职位也让他忙得不可开交。 由于宗教的改换，他必须负责让城里的神坛全部撤除，神像

莎氏诞生地史特拉福的秋天景色

拆去，旧的宗教画也全用白石灰粉刷掉。譬如，他曾花 2 先令请人捣毁市政厅教堂中的所有神像。

市政官负责监管税收，并向议会做完整的报告。开销的项目繁多，数额又大，因此两年任期下来，约翰还倒贴了 4 镑。

不少人以为约翰·莎士比亚目不识丁，甚至连自家姓名都写不下来。因为市政官的记录里并无他的笔迹，全是由市政书记所抄录；遇到需要签名的文件时，他有时画个十字画押，有时画个他用在手套行业里的细巧的针画。但约翰有个好友却有信件证明约翰是能写的。

两年任满之后，另有新官接任，约翰却再被留任一年，为新市政官草拟报告，这在史城并不寻常。由此看来，约翰·莎士比亚一定有过人的才赋，担当市政官的职责游刃有余。

这时，约翰成家了，他的婚姻同他一帆风顺的生意和市政生涯一般，很令亲友们感到满意。他的妻子姓阿登，是华维克郡最古老的家族之一。老罗勃特·阿登没有儿子只有女儿，而玛丽则是他"最偏爱的女儿"，是执行他遗嘱的两个人之一。玛丽下嫁莎家时，带来的妆奁里不仅有大笔现款，还有韦木科特的大片农地。约翰的父亲是阿登家的佃农，这片土地对约翰意义之重大可想而知。

未来的岳丈去世那一年，约翰在史城买了两栋房子，一栋在城西的绿岭街，另一栋在汉里街。他在汉里街已住了四年，可能买的正是他一直租住的房子，而他也可能就在这里娶的媳妇，至于孩子们无疑也是在这儿出生的。

莎家第一个孩子出生于 1558 年，约翰便是在这一年被任命为警官的。孩子取名琼，可惜出生后不久就死了。四年之后，又生了一名女婴，取名玛格丽特，她也于次年殇亡。

埋了玛格丽特，同年 4 月，玛丽生了第三个孩子，这回总算得了个儿子。快乐的父母为他取名威廉。

史城的人们并不晓得威廉·莎士比亚有朝一日要成为整个世界瞩目的人物，因而他的确切生日竟无可查考，只有在教堂的

莎氏诞生的房间

记录上载有他受洗的日子是 1564 年 4 月 26 日。

从传统上和一厢情愿的情感上，人们喜欢认为莎士比亚是诞生于 4 月 23 日，这也是他五十二年以后的殁日，更是"圣乔治节"。 圣乔治是英格兰的守护神，而莎士比亚则是文学的守护者，这样的希望又有何妨呢！

小威廉由于是市政官员的长子，因此必定穿了白色的衣服，在河边漂亮的"圣三一"教堂里，体面而隆重地接受了约翰·伯列奇格多牧师的施洗、命名，正式成为英国教会的教徒。

此时在英国各地，宗教与政治都紧密相连，毫不可分。 英格兰境内的人既效忠于女王，也必诚信于教会。 史城居民到了星期天，若不带着一家老小和仆从上教堂，那就只有破财消灾了！教堂的讲坛是政府宣传的极佳所在，教士们所做的特别祷告和讲道可以防止人们胡思乱想。

威廉出世后三个月，史城发生大瘟疫，半年之内有三百五十余人丧命。 约翰和玛丽也为自己的爱子担心不已。

威廉诞生的同年，市议会剔除了一名人员，由约翰补进成为

圣三一教堂——莎氏在此受洗

市府参事。现在约翰穿的是面上覆着毛皮的黑袍，星期天在教堂里坐在讲坛近旁的特别座上。圣诞节期间，他可以在汉里街的居所前悬挂一盏特别的灯笼。更重要的是，他已经成为人人艳羡的社会显要——约翰·莎士比亚先生。

史城获得伊丽莎白的弟弟——爱德华国王的特许，拥有自治的政府。两年后，老莎士比亚获得提名，角逐"高级州官副手"。这是该城的最高政治首长，与所谓的市长职位相当，第一次提名时约翰落选了；第二年他再获提名，终于当选。

1568 年 10 月 1 日，约翰宣誓就职。如今，他的皮袍又成了绛红色，到议会厅主持开会，还有专人护送。上圣三一教堂做礼拜，他的座位在教堂中部北边的前排，玛丽与首要参事在他两边，次级参事与妻眷则在他的后排。

身为市长的约翰·莎士比亚，同时也是治安法官，并在"记录法庭"中任法官，主持庭务。根据"纹章部"的训示手册，他已经有资格要求有自己的纹徽，从此成为缙绅之流了。

小威廉·莎士比亚现在已经 4 岁，有个 2 岁的弟弟吉伯特做伴。他住在汉里街，家里的屋子是坚实的橡木所建，有着斜斜

的屋顶，阁楼尖耸着山形墙。 这栋房子位处史城最北端，但是走出汉里街前往闹区却不需多久时间。 就在这闹市里有个抽水机，城里的主妇们在此洗涤衣物，然后就近便在"十字市集"上晾晒开来。

"十字市集"的东边有通往牛津和伦敦的"桥街"，史城重要商铺皆沿此街开设，有铁匠铺、酒馆、鞋铺、面包店以及该城最好的四家旅馆等。

"桥街"过后有柯罗普登爵士修建的大石桥。 那时节，爱汶河是"夏天里的河，冬季里的小海"，桥栏甚矮，连幼儿都可凭栏而望。 沿着河岸，在史城和石桥之间是"柯罗斯靶场"，居民们便在此练习射术。 这时英国已有军火工业，而人们依然习射，以备随时为女王效命。 更重要的是，政府希望借此把人们的思想自"不法"的游戏如打保龄球和玩牌之上引开。 再后面是"柯罗夫河岸"，是史城畜牧鸭、牛、羊的公共草地。

史城里生活上过得去的人家皆有私人谷仓和花园。 城里产苹果和梅子，植有榆树千株，椴树几十株，夏天史城一片青茂浓郁。 环城有农地，在天地交际处有林地，称"阿登森林"。 史城有一所免费的文法学校，由当地的税收支付费用。 孩子们到了一定年龄之后便要在此上学。

读、写由教区里的牧师负责，针线活儿则由"牧师娘"来教导。 读书的帖子是一方木板，上头牢黏着写满字母的纸张，再覆上一层薄而透明的角板，以防肮脏的小手乱抓。 等字母都会了，孩子们便开始读《ABC 与教义小问答》，同时学字母和教义。 这本书在英格兰八个月之内可以卖出一万本。

莎士比亚便以这种方式学写字母。 其时有一种新的"意大利式书法"（与今日的大不相同）在法庭上和城里大行其道；而中世纪另外的书写方式叫做"秘书式书法"，仍然在乡间使用。莎士比亚遗下唯一的笔迹只有极少的签名，它们是以旧式的"秘书式书法"所书写，也许是他后来虽然去了伦敦却也并未费心改变书法吧。

文法学校教室一隅

史城文法学校里的课程与英格兰其他文法学校的一样，严肃、枯燥，所教是否适用于孩子们的将来所需并不重要。中世纪，学校教育的目的是要培养有学问的教士，好担任教堂里的职务，因此，文艺复兴时英格兰的童子们学的净是拉丁文。莎士比亚入学十年后，伦敦有位教师呼吁在课堂上应教授英文，这个建议太"激进"了，竟没有人注意它。

莎士比亚和早他两世纪的杰弗瑞·乔塞（1340～1400，英国诗人）所受的教育有显著的差异。乔塞用的书名为《多纳特》，十分简单，而莎士比亚所读的却是经审订的拉丁文文法，由圣保罗教堂附属学校的第一任校长——威廉·李立所写。

一百个孩童里也不见得会有一个在日后的事业上用到拉丁文。因而，对于拉丁文的引用，可以说是"一种不自然的静止"，等到孩子们开始品尝旧时作者赏心悦目的文笔时，那强烈的学习火花却因文法的重负而熄灭，因此对于老师和孩子们都是

"冷肃不适"的经验。

班·江生

莎士比亚或许没有班·江生（1573？～1637，英国戏剧家，于1619～1637荣膺桂冠诗人）和克利斯多夫·马罗幸运，能够获得良师的启发，在心中燃起对拉丁作家的喜爱。莎士比亚终生都宁可借英译本来读拉丁作品。

莎士比亚在学校里最喜欢的作家是罗马诗人奥维德（公元前43年？～公元17年）。莎士比亚所晓得的神话几乎全来自奥维德的作品，不过他似乎对奥维德神话的第一二册更熟悉，但也必须借助英译。

除了读、写拉丁文外，还有背诵。另外老师还特别注重学生在大庭广众之下的说话技巧，训练他们控制说话的声音。有许多老师还让学童们演浦劳塔斯（公元前254？～公元前184，罗马戏剧家）和德伦西（公元前185～公元前159，罗马戏剧家）的剧本，让他们亲身体验如何把握话中的字眼。有些老师十分注意"音乐般的谈吐"，他们使用一套如标点似的符号，以表示声音的疾徐高低、何处换气、何处可以完全地舒气等。像这样的背诵和说话训练，对于将来成为职业演员的莎士比亚倒是很有用的。

除开拉丁文，史城的文法学校什么也没教给莎士比亚，没有历史、地理，没有近代语言，更没有自然科学。莎士比亚后来所积累的知识都是在伦敦所学，譬如法文。

从七岁开始，不论夏天、冬天，从周一到周六，莎士比亚天天都得上学。他沿着汉里街走，到了"十字市集"转弯，再走过两条长街，最后来到市政厅。他的教室在楼上，就在"议会室"的顶端。 同一口钟每天清晨都敲唤威廉上学，每个月则有一次召唤他父亲去参加楼下的议会。

到威廉 15 岁止，先后有三个老师教过他，全是大学毕业生，都拥有牛津大学的学位。 史城给老师的薪资十分优厚，一年 20 镑，比华维克那样的大城多一倍。

史城的孩子念完文法学校课程后，已经被塞了满脑子的拉丁文法条文。 他大概也学会了如何使用笔记本，在上头搜集很多拉丁作者的佳言隽语。 他学会了做笔记，晓得怎样才能干净利落地用笔刀将鹅羽削去，再用舌头去濡软笔尖。 他还晓得写字时要坐直了才不会把眼睛搞坏，同时他也学会了忍受长时间的辛苦工作。

英国的孩童一般在学校里待的时间很长，早上 7 点至下午 5 点，中午只有两个钟头回去吃饭。 夏天来时会有所不同，那就是上课的时间再加长，因为有日光的时间更长了。 夏季里宵禁在晚上入夜便开始，一个教养良好的小史城人真是没什么时间可以戏耍。 上学时每个小学生都得带着书本、书包、笔、墨，冬天还得带蜡烛。 动身前，脸要洗净，头发要梳得整齐，并且不得在途中游荡。

史特拉福以各种市集闻名。 5 月和 9 月里，方圆数里内华维克郡的人们都拥到"市集街"的特别摊棚上购物。 有人潮的地方一定就有卖艺的，因此小威廉·莎士比亚有许多机会可以在史城看到艺人们的公开表演。

美丽的爱汝河畔，已与莎氏之名永垂不朽

　　史城也有定期的舞台表演。 第一个巡回的戏班子便在莎士比亚父亲任市长那年来到城里演出，受到约翰官方的接待。 以后每年总会有那么一个大戏班子一路演到史城来。

　　"国会法案"严格规定，演出的班团皆需领有执照。 在伊丽莎白时代人们的眼光里，如果四处走动而身上没有相应的证明文件，真是再罪恶不过了。 为了不被人视为流氓无赖，每个戏班子都有后台，小些的有当地名流撑腰，大的就由宫中达官贵人如雷斯特伯爵、华维克伯爵等人赞助。

　　戏班子来到史城后，他们首先去见市长，出示证件，取得演出执照。 第一场在市政厅，在市长与议会诸公面前表演。 由于是免费，争睹的民众常将厅门上的铁条都给挤坏了。 威廉因是一市之长的儿子，他不愁没有好位子可以看戏。 市政厅的主室是个极佳的演戏所在，它的形状长而窄，演员们在大厅南端的台上演出，同时利用右角上较小的房间换戏装，等候上台的暗示。

　　那时巡回剧团规模都不大，每个演员常是身兼数角。 一个有六个团员的戏班演需要二十多个角色的戏目是家常便饭。 因为长时间演练的关系，演员们对于赶着上、下场和演出不同角色早已驾轻就熟。 演出的戏不外是"道德剧"和"神迹剧"两种。 道德剧里有娱人的表演，也富含道德的教训。 神迹剧的题材可能取自《圣经》，如《最贞德神圣的苏珊娜》；也可能取自古典文学，如将梅纳雷阿斯（希腊神话中的斯巴达王，为海伦之夫）等人物介绍给英国观众。

　　演员们在史城越来越受欢迎。 不久，一年就有两个戏班前来演出了。 莎士比亚十二三岁时，华维克伯爵和乌斯特伯爵两人的班属都来史城演出过，甚至雷斯特伯爵旗下的一些极为出色的演员也来过史城。

十八岁成亲

雷斯特伯爵剧团的班主是一个名叫詹姆士·柏璧基的演员，他的戏班子是第一个领用官方执照的戏班。柏璧基深切体会到逐城流动演出的辛苦——人员既少，道具和戏服又需不断地包装、拆卸。到戏院里看戏的人集中在伦敦，倘若能在此建立永久基地，当为最上算之举，可以获利不菲。因此莎士比亚12岁时，柏璧基便在伦敦建立了第一座剧院。

这时莎家已经成为大家庭了。威廉有个10岁的弟弟吉伯特，7岁的妹妹琼，再就是5岁的安，最小的是理查，2岁。

威廉11岁时，爸爸开始扩充在汉里街的财产。莎家在汉里街所住的房子是三幢并排着的东边那幢。1575年10月，约翰以40镑的价格将邻接着的两栋由艾德蒙和艾玛·霍尔两人手中买过来。

约翰把西边的房子租给一个佃农，把自己的住所和中间的房子合成一户，以内门相通。他最后一个孩子——艾德蒙于五年后在此出生。

买了房子之后，约翰就成为史城的大地主之一了，在该城38名"不动产拥有者"（可终生享有或传给子嗣）的名单上，他排在第6名。这时他最想要的，便是向伦敦的纹章部申请颁发纹徽。

约翰想要在社会中不断地爬升，这在伊丽莎白时期不足为奇。当时的人们都承继了中世纪的"阶级"理论，认为人人皆定属于某一阶级，而惠特基福特主教所说的话更可见其当时的观点："人人平等会引致竞争，这是万恶之源。"因此伊丽莎白时代的人应该满足于上天替他选定的阶级，只是大家都把这套规则

坐落于爱汶河畔的莎家宅子

用在别人身上，自己仍然不停地往上钻营。下层阶级想跻身缙绅阶级，缙绅之士又想跃居贵族阶级。

约翰娶了阿登家的女儿，光是这个姓氏，在华维克郡威力就够大的了，何况约翰还做过市长和警官，只要付得起纹章部所要的费用，就可以申请颁授纹徽了。房子买后的次年即 1576 年，约翰向纹章部提出申请，纹章部长罗伯特·库克还为他草画了初步的图形。

就在此时，约翰·莎士比亚的事业似乎顺利得过了头，突然出了很大的转折。1576 年 9 月 5 日，他仍如往常一般出席史城议会。自他被选入议会迄今已有 13 个年头，只缺席过一次。可是次年议会开会时，约翰却缺席了，然后在下次的会议里，他又没有到场，再下一次的议会也没来，事实上他再也没有按时出席过议会，此后在他的余生里他只出席了一次。

约翰·莎士比亚究竟出了什么差错，竟会突然而完全地抛弃了公开的政治生活，这是一团谜。他不像是改信了天主教或清教，因为这是有关皇室的事情，并不简单；也不像是财务发生了重大的困难，虽然此后再不似从前那般财源兴旺，可也不曾穷过，汉里街的三栋房子约翰一直都没有脱过手。

尽管约翰总是不出席，可他的名字却不断地出现在议会记录上，例如在 1582 年 9 月 5 日那天，在他名后刺有针孔以示出席。 1586 年，会议终于勉强另选市府参事以补他的位置，因为莎先生"不来了"。 不去议会开会是要罚钱的，约翰缺席十年，却一毛也没被罚过，可见议员们对他的尊重。

最佳的臆测是 1576 年的夏季或早冬时，约翰蒙受了个人不名誉之事，使他无法再在议会里露面。 而他想要的纹徽也并没有得到，他仍是"莎士比亚先生"（不是约翰·莎士比亚），仍只是"土绅士"，而库克设计的矛与鹰的饰章则归档于伦敦的"纹章学院"。

约翰和近邻的阿德利安·昆尼相比较，他的日子就越发显得黯淡了。 昆尼年纪较长，先后共做过两任市长。 两人有段时期在事业方面不相上下。 后来约翰申请纹徽时，昆尼已正式属于缙绅阶级，他的纹徽是金的盾形纹外加一只手握着一把剑。 1574 年他在议会记录上的名称是——阿德利安·昆尼，绅士。

昆尼另外让人艳羡的是有一个儿子名叫理查·昆尼，在生意上和政治上皆长袖善舞。 理查做绸缎的买卖，才二十几岁就被任命为"首要市民"。 他在学校时认真念书，成为首要市民那年，又娶来自史城名门的伊丽莎白·菲力

莎士比亚与妻子

浦斯为妻。

之后的 12 年里，小昆尼的事业更是扶摇直上：1586 年被选为政务官，1588 年成为市府参事，1592 年 9 月，当了史城市长。

1582 年 11 月 27 日那天，理查·昆尼参加了长子的受洗礼。也就在这同一天里，乌斯特（在英格兰中西部）发出了威廉·莎士比亚的结婚执照。莎士比亚只有 18 岁，无法担负养家的责任，但他的新娘安·哈瑟威却大他 8 岁，而且婚后 6 个月孩子就呱呱坠地了。

小莎士比亚的婚事或许算不上明智的抉择，但也不致成为乡里间的笑柄。安·哈瑟威来自受人尊敬的家庭，26 岁的她不致在一番轻浮乱爱之后，要求结婚来保护自己；同时恐怕也不至于设下圈套来引诱热情的少年和自己成婚。比较可能的解释是，两人早有婚约，安觉得在正式结婚前履行妻子的职责并无不可。

伊丽莎白时期的教会法对婚约是看得很严肃的，它几乎具有与真正婚礼同等的约束力。如果莎士比亚已与安有婚约却另娶，他就会被认为是重婚，他的婚姻可能会被宗教法庭宣判为无效；若是已有婚约，却拒绝迎娶，他就可能会被逐出教会。

乡村婚礼的盛况

安·哈瑟威的父亲在她出阁前一年去世，不过在遗嘱中留给她一份嫁妆。老理查·哈瑟威是史城敦区内一个小村落——薛特里地方的地主。安是他第一次婚姻的长女。

安·哈瑟威的家

通常在史城结婚的方式是把结婚预告分三个礼拜天或是假日在教堂里公布，若是有人反对，可以提出。若是不能公示预告，唯一变通的方法便是取得乌斯特国教法庭的特别执照，并请人张示保结，向教会保证婚后不会杀出程咬金来反对。为莎士比亚张示保结的是薛特里的两个农人——约翰·理查生及弗克·桑德斯，皆是安父亲的朋友。不过他们也不一定是出于友谊而这么做，譬如，在当时，克利斯多夫·马罗的父亲就是职业的"保结家"，为需要执照结婚的新人提供保结的服务。

这样的婚姻要多花钱，可是许多人有各种的原因而不能公布预告，因此非得特别的执照不可。有个主教这样说过："不经通告而凭执照结婚，并非由于婚姻不正常，其实正好相反。"通常申请执照时，必须附上理由，说明为何不能提出公告。莎士比亚所附的理由已经遗失，因此较可能的推测

是，他结婚的决定出于突然，而在耶稣降临节之前已经没有时间可以提出公告。在降临节以后一周的主显节是"禁戒期"，在此期间不得举行婚礼，除非威廉和安愿意等到一月中旬，不然就只有破财申请执照了。

结婚仪式按正常方式进行，在乌斯特"宗教法庭"由柯辛博士主持。书记忙中出错，把新娘名字写成"华特利"；可是她的名字在保结上却是正确的，只是莎士比亚的名字竟又拼成了"莎格士比亚"。婚礼在哪个教堂举行的已不可考了，只知道是在乌斯特教区内，它包括了华维克郡的一部分。

未成年人要在惠特基福特博士的教区里完成终身大事，必先获得家长或监护人的同意才行，因此，老莎士比亚定然是准许了这门亲事的。

史城的习俗是长子需把新娘带回父母家里住，理查和伊丽莎白·昆尼小两口就是这么做的。

威廉大概也是这样。莎家的房子在后头有个厢房，自有一条通路，有客厅、厨房，并另有楼梯通往二楼。像这般应该足够容纳儿子、媳妇了。

第二年威廉的孩子出世，是个小女孩，生在复活节后第八个星期日（基督教节日，3月21日起，月圆之后的第一个星期日），取名苏珊娜。

苏珊娜在史城并不是常见的名字，可是却深为清教徒所喜欢，他们认为孩子该取《圣经》上的名字。安的父亲在遗嘱里要求"简朴的埋葬"，这是清教徒使用的词语，因而安的女儿取个清教徒的名字也并不奇怪。

由于安自小在清教徒的环境中长大，这可以说是日后两人失和的原因。一个像约翰·莎士比亚这样地位显贵的人的儿子，竟会入于优伶的籍户，难免叫人觉得有些惊讶。因为许多人觉得，只有在业余演戏，并且说拉丁文戏词的情况下，演戏才值得敬重；至于职业演员，则与虚华浮饰的无赖毫无两样。清教徒想的可就没那么简单了，他们攻击演员，认为他们是人类获救的阻碍，他们在剧情中鼓励男女放纵于"污秽、邪恶的淫欲中"，若是发生了瘟疫，那就是人们听任像戏院这样的大邪恶存在，而触怒了上帝。

要是清教徒嫁了个演员，那真是"是可忍，孰不可忍也"。莎士比亚常驻伦敦的一个大剧团，除了每年定期去各地演出外，大部分时间都在伦敦工作。可是他不像别的演员在伦敦有妻小同住，在将近二十年的时间里，他都独自居住。

伊丽莎白时期并无演员公会，流行的仍然是师傅传徒弟的那一套，演员们在家里收了徒弟，仔细调教。这些徒弟们往往被视如家中的一分子，家里若是有个能干的主妇，自然可以派上大用场。只是团里人人都有一大家子老小，间或有两三个光杆，再不就像威廉·莎士比亚这样的人了。

伦敦泰晤士河畔风光

苏珊娜出生后两年，安又产下一男一女的双胞胎，分别取名为汉尼特与茱蒂丝。此后他们就再无子女。很可能莎士比亚是此后一两年间离开史城前往伦敦的。

小莎离开史特拉福的理由恐怕跟他父亲不一样：当地太小

了，适应不了他的发展。 当时伦敦已经宣告"客满"，较小的市镇则任凭"荒朽"。 枢密院为了扭转人口流动的方向，通过了一套套的办法，而泰晤士河上的这座大城却依然是块磁石，吸引了各地满怀希望、鸿鹄为志的青年前来。 伦敦本身的市长和市府参事大多还是出生于外地的人哩！

莎士比亚
Shashibiya

走上文坛

金子啊,你是多么神奇! 你可以使老的变成少的,
丑的变成美的,黑的变成白的,错的变成对的……
——莎士比亚

伊丽莎白时代的戏剧舞台

16 世纪 80 年代，威廉·莎士比亚初抵伦敦时，伦敦仍与乔塞时期的那个中世纪城市大致相同，无多大改变。 城墙依然是老样子，只是交通日繁，当局只好另开新门，叫做摩尔门，可以通往北面的田野。 昔时修道院的旧址改建成了住家、网球场或者工厂；伦敦桥畔美丽的小教堂变成了仓库；只有伦敦依然是教堂之城，教堂林立，支配着居民们的生活。 圣保罗大教堂里的礼拜现在以英文进行，而建筑本身并无改变，只是木质的塔尖不见了。 二十年前，塔尖起火，围观的人水泄不通，阻碍了救火人员的救援，结果除了余下方形的石基，其他都烧个精光。人们讨论来讨论去，也做了好些计划要筹钱，但塔尖却再也没有重建。 倒是那宽阔的方形石基，成了游客观光的景点。

伦敦唯一的崭新公众建筑是"皇家交易所"，是为了使商人们在恶劣天气里在街上不必遭受风吹雨打而建造的。 "皇家交易所"占地甚广，楼上回廊里设有一百家小店。 起先免费出租，只要商人在店中点起灯，进满货就行。 但伦敦城扩展很快，不到十年的光景，每家小铺就得付 4 镑的年租。

这儿有药剂师、金匠、书商、盔甲商和玻璃器皿商人等。这座乔塞时期的中世纪小城，现在遇到人口日益膨胀、人们活动日趋频繁的压力，不断地摧击着环绕四周的城墙。 安特卫普（比利时北部一城市）失陷，伦敦代而成为欧洲的商业中心；欧洲各国的宗教战争中使得伦敦的外国人口在十三年中又增加了一倍。 莎士比亚就是来到了这时的伦敦。

在伊丽莎白时期的舞台上演戏剧并不容易，不能掉以轻心。一个演员需经长期、辛勤的磨炼才有可能在大城市的戏团里挑大梁。 莎士比亚在架起的戏台上就着午后刺目的阳光，没有现代戏院中柔和幻化的辅助效果设备，却要真刀实枪，凭真本事表演击剑、舞蹈和空中飞人等。

伦敦戏团里许多人都是"从小练就的功夫"。莎士比亚二十余岁才进入这个行业，如非凭着天赋颖异及勤练不辍，实在无法克服困难。 他到1592年已经声名鹊起，柴德说他是个极优秀的演员。 他必然在先天上有过人的好条件：强壮的身体和美好的嗓子，并能将这两个要件结合。

伦敦著名的剧团之一是史传基爵士的那个戏团，开始时是专演跳跃、翻筋斗等杂耍的。 一出如

杂 技

"赫丘力斯之力"的标准剧情，里头起码有半数是特技表演。像这样的特技训练对演员非常有用，因为伦敦的舞台一般都有高低不同的层数，战争和围城是观众最爱看的，上层舞台用来做城墙和楼塔，一个演员必须学会如何从城塔上摔下，既不摔伤自己，又不损坏昂贵的戏服。

几乎所有的剧情里都有打斗，在作短兵相接的肉搏时，演员们更需具有精湛的技巧才行。 普通的伦敦人大多是击剑专家，他们可不愿意花了钱来看两个草包过几招花拳绣腿。 一个像莎士比亚这样的青年演员，必须长时间辛苦地练习伊丽莎白时代的剑术。 他必须学会一手握着一把又长又重的剑，另一手持着匕首作为格斗之用；他必须学会在近距离里以手腕和前臂做一连串凶猛而适当地刺杀，对准敌方的眼睛或者胸肋之下。 演员要想表现出伊丽莎白时期真正决斗中的狠劲而又不伤自己和对手，该需要多么高度的配合！ 理查·塔里登是 16 世纪 80 代的喜剧演员，他因剑术高超，于去世前一年被剑术学校封为"剑击大师"。

此外，伦敦观众还喜欢看到血腥的死亡、砍手断脚的场面，因此，如何把剑戳进演员的脑袋，或把他的肚肠拉出来，却不妨碍他接下来的表演，真是煞费苦心。 特别是演员们在近在咫尺的观众面前表演，更是无法藏拙。 伊丽莎白时期的舞台表演并不格外强调写实，可是很注重舞台效果，若是需要血流五步，就得给观众看到真正的血。

伊丽莎白时期的演员

他们由经验得知，牛血太浓稠流不动，通常使用的是羊血。在表演真正的刺杀时，演员就使用手中空的剑，按下机关，剑身便会缩回，另一个演员则在白皮短上衣之内，佩着血囊——可能

涂成皮肤的颜色。 血囊被刺中时，演员在接触的刹那弯下身，鲜血便喷涌而出，令观众非常满意。 有时候也以真剑上场，这时演员就必须佩戴护板。 有次一个耍戏法的酒后登场，忘了戴护板，结果被刺身亡。 在《宫廷之役》中，有一场开肠破腹的戏，剧务人员准备了三小瓶的羊血以及一只羊的心、肝、肺。演员们就在大白天里，为挑剔的观众演出挖心肝的好戏。

另外一个考验演员体能和身体驾驭能力的是舞蹈。 一部戏中除了写入剧情中的舞蹈之外，戏终时也有舞蹈。 一个外来的游客在看过莎士比亚剧团演出的《尤力乌斯·恺撒》之后，说："剧终时，他们一起合舞，曼妙而优雅"。 而英国演员出国表演时，国外观众也常特别提及他们的舞蹈技巧。 这时期的舞蹈动作激猛而戏剧化。 伦敦的舞蹈学校里教的是一些复杂的舞步，如"盖力要得"（流行于十六七世纪的双人舞）的双人舞，夸张的腾跃叫"卡补力哟"，以及把舞伴高举在空中的"活得"。 一位仁兄在观看过舞蹈学校的舞者所表演的"盖力要得"后说"他飞跃、奔腾，舞跃得棒极了"。 如果业余者都能有这番身手，观众对职业演员的期盼就更不用说了。

除开这些不谈，一个小演员或是初出道的演员，

尤力乌斯·恺撒剧照

莎士比亚
Shashibiya

一个下午就要应付好几个角色的演出。 即使是个大剧团，演员也很少超过 12 个人，当然也请不起临时演员。 戏词短或是压根儿没戏词的角色就得忙着赶场，不断地换戏装，好扮演不同的角色。 他也许一会儿是个贵人，接着又变成灵魂、侍从、人质，或者是鬼魅、小孩、船长、波斯人等。

其次，伊丽莎白时期的演员必须具备一副好嗓子。 此时的剧本中充满了动作，然而真正抓住并"控制"观众情绪的并非身体上的表演，而是台词。 观众必须认真倾听，才会晓得各场故事发生的所在、诸演员们的情感、剧本中的诗句和高潮等。 更重要的是，演员清一色是男人和童子，纵然是亲密的肌肤交接，也还特别需要仰赖女角们所说的台词，这样才能更真切有效地制造出爱恋缠绵的气氛。

伊丽莎白时期的观众对于演员所使用的词汇极易动容，他们看多了，因此能够敏捷地抓住确切的含意，完全领会其中的乐趣。 既是这样，台词的清晰可闻便是演出成功的首要之务。 演员说台词的速度是相当快的，因而呼吸的控制、语气的轻重和字词的发音必须完美，才能使观众的情绪和舞台上的演出连续不辍。 莎士比亚初来伦敦时，台词多在句尾特别加重声音，这样演员便可从容地在固定的间歇里换气。 可是在以后的十年里，如此的写作越来越显得拘泥古板了，一种精致柔巧的无韵诗遂取而代之，演员们要想灵活掌握这样的诗句便困难得多。 而把这种新的写作方式推广运用的功臣即是莎士比亚。

就算台词是旧式写法，机械化的语调与大量的押韵都是伊丽莎白时期的演员要掌握的，再要记住自己的台词也不是容易的。 当时演戏采用的是选定剧目的方式，没有哪出戏会连演两天。 演员每晚都演不同的角色，根本没有机会像例行公事那般每天舒舒服服地应个声儿就成。 若是想依赖提词儿，那就指望不上了。 这个提词的，他的工作才真叫重哪！ 他要注意着让演员们依序登场，要准备好使用的道具，要使复杂的舞台装置操作得既快且准，如在"天顶"的滑车控制和暗门的弹簧。 由于每日演出新剧，自是每日下午皆得更换，而它们是极为烦琐的。 譬如，光在一剧里可能就有先知、天使自天降于宝座之上；妇人遭雷击而死；水手浑身湿透自海里上来；蟒蛇大口吞噬藤蔓；一只手握着燃烧的剑从云端伸出，以及"先知约拿被从鲸腹里喷掷到舞台上"等。 这样他哪里还顾得上提词？

再说，记不住台词的演员在这种高度竞争的行业里就别想待得久。 因为抱着演员梦的总比圆了演员梦的人多，即使已经隶属于大剧团，也仍然有被解雇的可能。

一个演员若是在伦敦城里站不住脚，他可以去参加乡间剧团，那里演出水准较低，也可以出国去跑码头。 英国演员在国外很吃香，二流的班底加上蹩脚的装备也能在法兰克福（德国西部的城市）市集里造成轰动，让"男男女女争先恐后得不得了"地赶去看。 莎士比亚能够在伦敦舞台上屹立40年，对于柴德的称赞——"他拥有极佳的流品"，该是当之无愧了。

莎士比亚若不是当演员当出了瘾头，他在成为成功的作家后，早该弃演从写，像班·江生一样。 然而到1592年不到30岁时他已经是成功的演员了；1598年时仍是演员，并被列名为"主要喜剧演员"之一；到了1603年他还是演员，在《西加纳斯》中，列名在"主要悲剧演员"里；1608年，他仍在演出，因为他是当年被安排开始使用布莱克福莱尔戏院的"男演员"之一。 总而言之，莎士比亚毕生在伦敦舞台上的表演应该是不错的。

莎士比亚当然比不得艾德华·阿林那样光耀夺目——他可以使坏剧本起死回生，甚至把他的名字印在剧本的首页上就可以大发利市。 但莎士比亚对人类的了解却远在阿林之上。 看过他表演的观众，恐怕难得有人能从他扮演的角色中推见到他真正的性格与内涵。

像莎士比亚这般忙碌的演员是没有多少时间写剧本的。 早上的时间给排演占去了，下午要正式演出，有时晚上还需做特别的表演，一年一度的各地巡回演出就更不用说了。 现代的作家

莎士比亚
Shashibiya

或许会觉得写作是专门的职业，可是在那个时代这简直是不可思议的。伊丽莎白时期的人思想比较落伍，他们可没有耐心等候一个作家"躺在产床上，花31个星期又8天来写三行狗屁东西，然后再花上整12个月来设法改写润饰"。江生费了5星期写一个剧本，就让人讥讽成"慢郎中"了。汤玛斯·赫伍德也一直是专业演员，他却挪得出时间来，能够用他所谓的"一整只手或者至少一只大指头"写出220出戏。莎士比亚在戏院中20年的写戏生涯里，一共写了

演员艾德华·阿林

不到40出，在量方面算不上惊人，在质方面却令人叹为观止。

身为演员，莎士比亚较同时期的剧作家更占优势。通常剧作家照班主的要求写剧本，然后到一个合适的场所比如有隔间的酒店里给班主试读。试读若是通过，剧作家收了钱就算大功告成了。许多作家如乔治·柴普曼那样，是不看自己的剧本的。这一类的作家不注重自己的作品对活生生的观众究竟会造成什么样的感情上的影响，因而柴老兄的剧作今日已经不为人所接受了。

莎士比亚则不然，他是演员，有自己的剧本，演出时他随时在场，可以从现场了解演出者的表演效果，而使他的作品历时300余年仍有一股生鲜活力的特质则应是他与观众密切接触而特别获得的职业性了解吧！

伊丽莎白女王

　　伊丽莎白女王一世（1533年～1603年）是都铎王朝（1485～1603年）最后一位统治者，也是英国最杰出的女王。1558年，伊丽莎白继位，1603年去世。在她当政的45年里，英国的经济繁荣昌盛，文学璀璨辉煌，军事上一跃成为世界首屈一指的海军强国。因此，伊丽莎白一世被认为是英国历史上最杰出的帝王，她在位的时代又被称做英国的"黄金时代"。在伊丽莎白一世当政时期，出现了许多伟人，如著名作家威廉·莎士比亚。这当然也包含着伊丽莎白女王的一份功劳，她不顾伦敦地方当局的反对，支持莎士比亚剧院。

　　伊丽莎白于1533年出生在英国的格林威治。她父亲是领导英国宗教改革的亨利八世。她的母亲安娜·布琳是亨利的第二个妻子。

　　1547年当伊丽莎白13岁的时候，亨利八世死了。伊丽莎白同父异母的兄长爱德华六世从1547年执政一直到1553年。爱德华的妻子玛丽女王一世在随后当政的5年期间，支持罗马教皇的至高权力，恢复了罗马天主教。

　　1558年当玛丽死去，由25岁的伊丽莎白继位时，举国一片欢腾。年轻的女王即刻面临着许多问题：与法国的战争，与苏格兰和西班牙的紧张关系，尤其突出的是英国国内的宗教派别之间的尖锐

伊丽莎白女王二世少女时代

矛盾。

后一个问题首先得到了解决。伊丽莎白执政不久就通过了"至高权力与同一性法案",确立英国圣公教为正式的英国宗教。

伊丽莎白开展灵活多变的对外政策。1560 年她缔结了爱丁堡条约,该条约提出了一个与苏格兰和平解决争端的办法。英国与法国的战争结束了,而且两国的关系也得到了改善。但是形势却迫使英国与西班牙发生了冲突。伊丽莎白企图避免战争,但是由于 16 世纪西班牙有好战的天主教势力,西班牙和英国之间的战争是无法避免。发生在荷兰的一场反对西班牙统治的叛乱是起积极作用的一个因素。荷兰的叛乱分子大多数是新教徒,西班牙企图平息这场叛乱,于是伊丽莎白就对荷兰叛乱分子予以援助。伊丽莎白本人并不十分热衷于战争,但是大多数英国人以及她的大臣和议会倒比她更热衷于战争。因此当与西班牙的战争最终在 16 世纪 80 年代末期爆发时,英国人民是坚决支持伊丽莎白的。

伊丽莎白长年不断地发展英国海军。西班牙国王菲力普二世为了入侵英国而迅速发展了一支庞大的海军舰队——无敌舰队。无敌舰队所拥有的舰只和英国舰队相差无几,但是水兵的数目却比后者少得多;而且英国水兵训练有素,船只的质量较好,并拥有更多的火力装备。1588 年双方进行的一场大规模海战,以西班牙无敌舰队的彻底失败而告终。英国的这场胜利牢固地树立起了作为世界头号海军大国的地位,直到 20 世纪它还保持着这种海上霸王的地位。

伊丽莎白总是勤俭持国。在她早期执政的岁月里,英国政府的财政状况很好,但是由于与西班牙战争耗资巨大,在她晚期执政的岁月里,国库状况不佳。但由于政府保持廉洁,整个国家还是比她登基时更繁荣昌盛。

伊丽莎白时代也是英国探险的时代,有去俄国的探险,有马丁·弗罗比歇和约翰·戴维斯发现通往远东的西北之路的创举,有弗朗西斯·德克雷爵士路过加州的环球航行,有沃尔特·罗利爵士和其他人在北美无意中发现了英国移民的奇遇。

伊丽莎白一直活到 70 岁。她在临终遗嘱中指定苏格兰国王詹姆斯六世(苏格兰玛丽之子)为她的继承人。虽然这使英格兰和苏格兰并属于一个国王的统治之下,但却是一个前途未卜的选择。詹姆斯和他的儿子都是独裁者，在大不列颠不得民心，结果在该世纪中期爆发了一场内战。

伊丽莎白是个智慧超群的女子，也是个敏锐过人的政治家。她保守谨慎。她显然讨厌战争和流血，但是需要时她毫不犹豫。她同父亲一样是通过与议会合作而不是与它对立来掌握政权。伊丽莎白在挑选大臣方面颇具匠心。当然她的功绩的一部分应归功威廉·塞梭（伯弗利勋爵），他从1558年直到1598年死时一直是她的首席顾问。

伊丽莎白的主要功绩可归纳如下：第一，她领导英国在没有严重流血的情况下通过了宗教改革的第二阶段。这与德国形成了特别鲜明的对照，那里的"三十年战争"（1618～1648）使25％之多的人口丧生。由于在一定程度上解除了英国天主教和新教徒之间的深仇大恨，她成功地保持了民族的统一。第二，她执政的45年是英国历史上的黄金时代。第三，在她执政期间，英国发展成为一个主要的强国，并在随后的几百年间一直保持着这种强国的地位。

早期的剧本创作

虽然莎士比亚早期的剧作并不出色，但是他对左右观众情绪的技巧已能相当熟练地把握了。以二十八九岁的年纪，自然尚无功力写出《哈姆雷特》这样的剧本。但事实上，莎士比亚经由写作而学习，因而与观众一同成长。写作初期，他的技巧稚嫩粗拙，观众的反应也一般，可是重要的是他一直从观众的回应中获得灵感。

他早期最成功、最轰动的剧作，依当时的记载来判断，是有关"蔷薇战争"的三个连续剧本。当时，有关英国历史的剧作十分流行，观众没在学校里读过历史，自然急于知道自己先王、先后们的事迹。蔷薇战争是青年作家的好题材，可以借此指出

国内纷乱的可怕后果，进而提醒观众，能够在稳定的"都德王朝"之下过日子，是何等福分！若有伦敦人反对付给国王特别经费或与西班牙交战的费用，他就会不断地提醒自己，在亨利六世这个昏君的统治下日子更惨。

莎士比亚对蔷薇战争并不比他的观众知道得多，不过倒有好几本很好的史书可供他参考。其中最合时宜的是一部英格兰、爱尔兰、苏格兰的《编年史》，由拉菲尔·贺林虚德根据标准资料编纂，由数

《哈姆雷特》剧照

家印刷业者联合出版。出书后，销售量直线上升，因此又出了一个新版本，出版者把直到1578年的英格兰史都加了进去。这三册的版本便成为标准的英国史，也是莎士比亚历史剧的主要依据。

只有充满自信的青年才敢采用这样混乱纷争的题材。题材的纷杂众多偶尔会扼制戏剧的正常发展。不过就整体而言，莎士比亚总能巧妙地处理重要场面，使观众的胸中充满着热烈的爱国情绪。

这连续三出剧本中的第一出里，塔·伯特爵爷死亡的那场戏极为成功。塔是英国贵族，在战场上死于背信弃义的法国人之手，临死时，双臂紧拥着已死的儿子。他说了一段话，这是由莎士比亚带头使用的一长串悲壮的话，使得观众随着这个武士的灵魂飞天而呜咽饮泣。

这出戏于1592年3月3日由史传基爵士的剧团在"玫瑰"戏院演出，一整季里吸引了许多观众。菲力浦·汉斯洛和汤姆·纳许（1567～1601，英国讽刺家、剧作家、小说家）两人分别在日记和小册里记下了当时的盛况。

　　莎士比亚并未刻意留心史实，让塔伯特在贞德（1412～1431，法国的民族女英雄）被捕前就死了，而事实上贞德早在22年前便已舍命。 莎士比亚赋予贞德几近滑稽的个性。 16世纪的英国人都认为她是个狡诈的村姑，由于魔鬼附身，才得以打败英勇的英国人。 即使博学的盖伯瑞·哈威都觉得她算不得什么东西，不过是个"精力过剩，好冒险的丫头"罢了。

　　这出戏里有许多攻城略地的情节，莎士比亚就尽情地使用所有的舞台配备，让演员们如空中飞人般跳上跳下，又让贞德爬上很少使用的楼塔顶端去扑熄一把火炬。 他甚至要演员自12尺高的阳台上纵身跃下来逃亡。

　　莎士比亚有关蔷薇战争的第二部戏里就没有这么多战争、游行的场面了，可是他也没有忘记观众们喜欢特殊效果。 他使用了三层的舞台让幽灵自暗门里出来，和阳台上的伯爵夫人见面，并利用雷声以掩盖暗门启动时可能发出的声响。 他同时使用了好几个假头，在上面挤上些揉有阉牛血的小面团，让它看来像在流血。 有一个叫沙佛克的角色，他那无头的身躯还上舞台"走动"。

　　在这第二出戏里，莎士比亚对于史实和时间仍然粗心大意。这或许因为戏院有实际的困难存在。 这出戏里约有50个角色，而爵爷、贵妇、市政官、市民、兵士等还不算在内，因此每个演员都得演上好几个角色，剧情的进展因而需要仔细铺排。 若是史实影响到实际的舞台需要，那就只有委屈史实啦！

　　在第三出戏中，年轻的莎士比亚遭遇到许多无法入戏的材料，效果最好的一场在首幕结尾处。 在战场上，约克公爵的敌人在杀他之前，做了顶纸冠给他戴在头上。 约克又慷慨激昂地说了一段话，是针对玛格丽特女王这匹"法国雌狼"的。 这番话滔滔而下，越说声调越高亢，最后于高潮处戛然而止。

　　蔷薇战争的这三出戏，是这个野心勃勃的青年的青涩之作。他一方面在艰苦的剧艺学校中接受磨炼，另一方面则要以各种可能的方式征服观众的情感。 莎士比亚为舞台上的机关装置着迷，他十分清楚演员们会怎样使用它们；他也敢于大量取用贺林虚德的《编年史》。今天，这三出戏已无演出价值，遥想当年却曾是伦敦戏院中的连台好戏呢！

莎士比亚另有一出成功的剧作大约也在此时推出，名为《泰塔斯·安钟尼珂斯》，观众为它的暴力、嗜血的场面喝彩。剧中，泰塔斯一只手在众目睽睽之下被砍去，他的儿子的头要提上舞台，他的女儿拉维妮亚进场时已经是双手被砍断，舌头被割掉了。然后泰塔斯把他们的肉加在馅饼里送给他们的母亲吃。这样的残暴场面真是对演员演技的严峻考验。

剧照

现代的观众面对如此的杀人流血狂潮，必会以为莎士比亚一意取悦最低级观众的低级趣味，竟至迷失了本性。恰恰相反，莎士比亚是遵照他那时古典戏剧的最佳标准，而尝试写下一部"壮丽的罗马史"。

在这一点上，莎士比亚师法的对象是塞内加（公元前？～公元65年，罗马政治家及哲学家）。塞内加在文艺复兴时期人们的心中，代表着古代悲剧里最动人、最有价值的部分。他是异教徒，而他作品中的说教却常被人们引用。伊丽莎白女王还亲自翻译了他好些剧本中的片断。有数位诗人联合翻译了他的10个悲剧，于1581年出版。塞内加在英国的戏剧界一直是备受敬重的典范。一次在剑桥的圣三一学院中，一出塞内加式的戏剧演到最狂烈的高潮时，一名贵妇观众突然"心神丧失，再也没有恢复过来"。

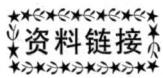

塞内加

　　塞内加（Lucius Annaeus Seneca 约公元前？～公元 65）是古罗马政治活动家、悲剧作家、哲学家。他生于西班牙的科尔杜巴（今科尔多瓦）。他的父亲是著名的修辞学家老塞内加。他学习过修辞学和哲学，接触过当时流行的各种哲学派别，其中对他影响最大的是斯多葛派哲学。他由律师开始从政，公元 41 年被流放到科西嘉岛。后来由于罗马皇帝克劳狄乌斯的后妻阿格里平娜的活动，公元 49 年被召回罗马，充任她的儿子尼禄的教师，并出任大法官，从此开始了他一生中最显赫的时期。公元 54 年克劳狄乌斯被毒死，塞内加可能参与了谋划。尼禄继位后，塞内加同皇帝侍卫官阿弗拉尼乌斯·布鲁斯共同辅佐朝政，掌握国家大权。高官厚禄使他成为帝国最大的富翁之一，引起不少人的议论。后来尼禄日渐昏暴，塞内加眼见本身权力日益缩小，便于公元 62 年离开朝廷，在罗马郊外的庄园里读书写作。公元 65 年以皮索为首的贵族共和派反对尼禄的密谋败露，塞内加受到牵连，自杀而死。

　　塞内加的著作包括自然科学、哲学、文学等方面。他的自然科学著作有《自然界问题》七卷，探讨天文、地理、气象等方面的问题，记录了一些新的考察成果。他的主要哲学著作是《论道德·致卢齐利乌斯》（书信 124 封），以及《论天命》、《论忿怒》、《论幸福》、《论仁慈·致尼禄》等，其中多数可能写于 1 世纪 50 年代之后。塞内加是古罗马斯多葛派哲学的重要代表，他的哲学思想对中世纪基督哲学有较大影响。他认为听从命运是人的美德，人应该坚定地忍受命中注定的各种痛苦和灾难。他宣扬平等和人道的思想，认为奴隶也是人，奴隶主对待奴隶不要太残酷，而奴隶也应服从主人。他的宿命论思想在他的悲剧中得到鲜明反映。

　　塞内加的文学著作有《变瓜记》和 9 部悲剧。《变瓜记》是一篇

讽刺散文，嘲笑克劳狄乌斯生前作恶多端，死后不但没有成神，反而受到神的审判，变成一个大南瓜。 塞内加的 9 部悲剧按抄本次序排列如下：《疯狂的赫拉克勒斯》、《特洛伊妇女》、《腓尼基少女》、《美狄亚》、《菲德拉》、《奥狄浦斯》、《阿伽门农》、《提埃斯忒斯》、《奥塔山上的赫拉克勒斯》。 它们可能都是在克劳狄乌斯死后所写，主要不是为了在舞台上演出，而是供少数人阅读或朗诵。 这些悲剧取材于希腊神话，以希腊古典悲剧为蓝本，影射罗马的现实生活，反映当时贵族反对派的心理。 塞内加并不否定君主制度，只是希望出现一位仁慈的君主，能使贵族元老们在政治上得到一定的自由。 他的悲剧情节比较简单，语言夸张，还有不少流血场面和关于鬼魂、巫术的描写。 另有一部抨击尼禄昏暴的悲剧《奥克塔维亚》，过去以为是塞内加所写，现在一般认为可能是后人的仿作。 塞内加的悲剧对欧洲文艺复兴和古典主义时期的悲剧创作产生了不小的影响。

塞内加的剧本是为聪明却疲倦的罗马观众写的，朗诵的地方多。 他巧妙地结合夸张与恐怖，为的是让观众保持清醒。 莎士比亚对于塞内加有关戴埃斯提斯的故事印象非常深刻，在这出戏里，主角在盛宴之前要吃自己的亲骨肉。 就鄙浅的煽情主义论点来看，莎士比亚的《泰塔斯·安钟尼珂斯》与塞内加烹煮小儿的描述相较，实在没啥比头。 塞内加的剧本中描述的孩子熬着大块大块的肉汤，心肝则在烤叉上嗞嗞地响。

莎士比亚没有把塞内加六个演员、一个信差和啰啰唆唆的合唱这一套整个搬过来。 《泰》剧和《亨利六世》三剧一样，把整个舞台都塞满了。 第一景中，他一共使用内、外两个舞台，有暗门、有阳台，还挤满着游行的队

亨利六世

伍、武士以及穿着五颜六色、光彩夺目的演员。 剧中，莎士比亚引用了许多古典作者的话语，甚至拉维妮亚的斩手断舌也是根据奥维德有关费罗蜜拉的故事而来。

莎士比亚时代的伦敦是英国的文学都城，受到来自四面八方的文学影响。 较乔塞晚生两世纪的莎士比亚，可比乔塞幸运多了，他有许多新典范可资仿效，同时还试用各种方式进行创作。

试过以罗马悲剧方式来写《泰塔斯·安钟尼珂斯》之后，莎士比亚又试写罗马喜剧《错中错》，这次的模型是古典喜剧大师浦劳塔斯。 浦劳塔斯最受人们喜爱的是他在《曼尼克密》中所设计的孪生角色。 在过去的 50 年中，意大利的剧作家便一直在这个主题上作复杂的变化。 他们处理戏剧皆有定则，譬如舞台总是代表市区广场，背景是房屋。 若是喜剧，这些房屋便是教堂、家庭和妓院。

莎士比亚的《错中错》便是竭力依标准的意大利喜剧而写。剧情在固定的布景上展开，在一处市场里有三个门：一扇门通往修道院，一扇门通往安提佛勒斯的家，还有一扇门则通往妓院。莎士比亚严格遵守传统的三一律（戏剧中时间、地点和情节必须统一），所有的情节都集中在一天当中，发生在伊弗瑟斯城（小亚细亚古城）里。 莎士比亚模仿的技巧相当高明，典型的伊丽莎白时期的特征，全剧充满了双关语。 莎士比亚对于文字游戏一直兴致勃勃，而他的观众们也在"听"力上久经熏陶，因此在听到有关"钟点"和"婊子"（hour 与 whore 两字音近）这样暗指的笑话时，便立刻爆出满堂喝彩。

这段尝试期间里，莎士比亚又试了另一种写作的方式。 早在十年前，文学界有个泰斗叫约翰·李立（1554？～1606，英国小说家及戏剧家），写过一部极为出色的小说，名为《优菲斯》。 一时间葛林、孟岱、戈生等人均竞相仿效，就连纳许都坦承在"剑桥还是小猴仔"时，就曾是《优菲斯》的忠实读者。李立所使用的夸饰文体、华丽辞藻，其实并非他所开创，牛津大学里有位教拉丁文的教授，早就训练学生在拉丁散文中使用这样

的文体。

　　1590 年，优菲斯之风已经盛极渐衰，但李立夸饰的特色仍是时髦作家模仿的对象，莎士比亚便是依李立的风格而写下了《空爱一场》。剧本写成的时间已不可考，但剧中三个年轻爵爷的名字显然是从报导法国境内战事的新闻小册子里得来的灵感。1593 年，

亨利四世

"那伐尔的亨利"（即亨利四世，1553～1610，波旁王朝第一代之法国国王）皈依天主教，之后，这些小册子便不再发行。莎士比亚的小喜剧与真正的法国历史无关，但他的主角却是那伐尔国王，他的三个爵爷则分别命名为隆格维亚爵爷、杜曼纳爵爷以及伯罗纳爵爷。

　　在《空爱一场》里，莎士比亚终于证明了自己在写作方面无所不能，而且表现优异。这部作品适度、活泼，一如"盖力要得"的舞蹈，它无意让人以严肃的眼光来估量它。这时作者方才走进了文学多角隅的大殿堂，开始窥知维持观众笑浪不断的窍门。莎士比亚玩着文字游戏，愉快地模仿着当时的各种文学时尚，从优菲斯文体至十四行诗，不一而足。剧中，他还描述了一群热心逗趣的业余演员，他们费尽心神上演一出戏，惹得他们的贵族观众不断地对他们轻嘲笑谑。

　　莎士比亚笔下活泼、喜爱调侃与嘲弄的青年贵族，以及快活、机智的贵族少女，首次在这出戏里出现。虽与日后他所写的相比显得较为老套，但他们不停地以文艺复兴时期的观点来讨论

爱的主题，同时显现出生命的气息。 莎士比亚取用了意大利喜剧中常见的迂腐、武断、心胸狭隘的教师，以及学者与矜夸自喜之士这两种角色，把他们用在剧中人何洛佛尼斯与阿玛杜的身上。

《空爱一场》是伦敦人的戏，是为懂得身边的戏谑文辞之人所写。 它的作者之所以能够写出这出戏，是由于他一直在留神观察、倾听，并能进入城里贵族圈中。 它虽然是一出城市戏，却很少有伦敦人敢用两首乡村歌曲来终结全剧。 尤其是最后的冬之歌，描绘出了寒冷冬天里真正的乡村景致。

所有这些剧本都是在 16 世纪 90 年代早期写的，其中大部分写于 1592 年 9 月，在葛林攻击这位年轻的"演而优则写"的剧作家之前就已上演过。 葛林恰好死于 1592 年 9 月 7 日，伦敦议会所颁布的瘟疫令生效实施，所有戏院全部关闭，直到 1594 年才再度开放。

闹瘟疫
戏院关闭

1592 年一整年里，伦敦议会都在抨击戏院。 2 月，市长和参事们就开始向惠特基福特天主教抱怨，请求协助拯救城中青年，因为他们的举止受到"舞台上淫荡、亵渎表演的影响而感

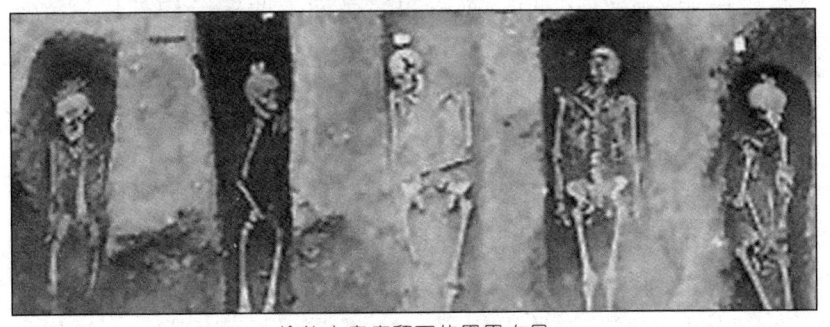

伦敦大瘟疫留下的累累白骨

染了邪恶、暴乱的恶性"。

5月底，骚瓦克发生学徒暴动，议会立刻归咎于戏院的邪恶教导。 6月，一切"冒渎神明的景象"皆告禁绝，直至9月29日为止。 但9月7日，城里已经发生大瘟疫，因此立刻颁行瘟疫令，伦敦城方圆几英里之内，所有集会，除宗教集会外完全被禁止。

这场瘟疫与莎士比亚出生那年所发生的相同，是伦敦的"常客"了。 每次死亡人数超过某一特定数目时，瘟疫令就要颁行一次。 染患的人家要被隔离二十天，户长每天要清洗他家附近的街道两次，坟墓要掘到六尺深，各教区各有两名谨慎的妇人来替隔离的人家采买或护理，"医师学院"也指派了一些医生，专门处理瘟疫病人。 不过，人总是人，谨慎的妇人并不总是谨慎的，而坟墓也不一定都掘到六尺深，于是瘟疫就更容易死灰复燃了。

有个聪明、可爱的伦敦市民约翰·何奥斯，他于1587年建议当局学习德国奥格斯塔，以公家税收为穷人修建通风良好、有三房、有烟囱、有厕所与小院落的住屋，然后将原来污秽的巷道夷平改建成开阔的庭园，这样全城就再也不会发生瘟疫了。 伦敦议会认为这是痴人痴想，因为瘟疫的起因早已昭然了。 伦敦的一个教士不是说得很清楚吗，"瘟疫缘起于罪恶……罪恶的缘起则是戏剧，故而瘟疫缘起于戏剧。"

演员们现在只有去流浪了，伦敦戏院事业要在两年后的6月3日以后才能恢复正常。 巡游的演员们不敢冒险演新剧，因此新剧在这两年中很少出笼。 至于旧戏也缩减甚多，一来由于村野观众不懂伦敦人的引喻；二来则因剧团变小，角色太多，演员必将分身乏术。

为了壮大声势，有些剧团便合并了。 像艾德华·阿林是海军上将手下的人，他便与史传基爵士的演员"会师"。 阿林自英国各地写回"老太婆裹脚布"的信来给老婆，向她讨消息——

"女人，你一点消息都不给我；你应该把家里的……这样那

莎士比亚
Shashibiya

样的（事情）……都告诉我。 ……把我黄褐色的长筒毛袜染成很黑的颜色，冬天回到家里时好穿。 你也不告诉我，我的花园怎样了……记得……芫荽菜圃。 9月里……要撒菠菜种子……"

阿林是剧院老板菲力浦·汉斯洛的东床快婿。 汉斯洛回信给他：菠菜下了种啦，但是一个同行冤家的剧团也倒了。 这时解散的剧团很多，团员们甚至得靠典当戏服来过日子了。

许多剧团把珍藏的剧本卖给印刷商人，这在平常他们是不肯做的，因为会减少原会来看戏的观众，并且让别的剧团看到了自己剧情的内容。 瘟疫期间，剧本求售的情形特别多。 1592年只不过出版了4出剧本，但是到了1594年，出版的剧本陡然增为23部。 在这些出版的剧本中，有许多是内容混乱、讹误重重的，显然是演员们凭记忆而重新拼凑所成的，而记忆不及处，则或发明或加入别剧中的台词。 不管怎样，有"海盗版"总比什么都没有要好啊！

这时候的大剧作家们由于时运不济，一个个都先后凋零了。罗伯特·葛林于瘟疫令颁行前四天去世。 1590年"保罗的童子"剧团解散，约翰·李立的剧作家生涯也随即告终。 他费了九牛二虎之力，在宫中谋得一份差事，过着"死无希望"的生活。

至于大学出身的最杰出的剧作家克利斯多夫·马罗，更是突然而戏剧化地殒落了。 1593年5月30日，马罗在伊林诺·布尔经营的酒馆里被刺陨命。 据验尸官的报告，马罗为了酒资与一个叫殷格兰·弗莱瑟的人发生争执，马罗抢过弗的短剑，在他头上刺伤了两处，弗夺回短剑之后，在马罗的右眼上方刺了一剑，马罗当场毙命。 时人皆确信，这就是不信基督教的坏蛋的下场。

5月就曾有告密者开列了马罗的一大堆罪状，说他是自由思想者，包括对"圣灵"有粗暴不敬的言论，以及坚称宗教是束缚人民的诡计等。 16世纪90年代末期又有新的说法："马罗是在

一场卑鄙龌龊的桃色纠纷里，遭逢对手，被一个放荡的男侍刺杀身亡。"不管确实原因为何，当时的人反正确定他是个坏蛋无误，他的暴毙就是上天对他的审判。

除莎士比亚以外，硕果仅存的剧作家就数汤玛士·吉德（1558～1594）和汤玛士·纳许两人了。新剧既然无市场了，纳许于1593年就出了一本著作，名为《基督对耶路撒冷的眼泪》，似是而非地说些瘟疫是罪恶之惩罚的话。

汤玛士·吉德是盛行一时的《西班牙的悲剧》一戏的作者。1593年，他写了本很特殊的剧作叫《柯妮莉亚》，不是供演出之用，而是为协助潘布罗克公爵夫人提高英国戏剧的艺术水准而写的。

潘布罗克公爵夫人是菲力浦·席德尼男爵（1554～1586，英国诗人及政治家）的妹妹，她美丽、有魄力、有头脑，她觉得该为亡故的哥哥设法提高英国的写作水准。当时海峡对岸的法国有个大剧作家罗伯特·贾尼尔写了不少好戏，他的品位比较高，虽然走的也是塞尼加路线，却没有使观众痛苦难过的情节。

潘布罗克公爵夫人亲自把贾尼尔有关马克·安东尼的剧本译成英文，于1592年出版。有个叫山姆尔·丹尼尔（1562～1619，英诗人及史学家，于1599～1619荣膺桂冠诗人）的作家，在她的鼓励之下也成功地翻译了一本关于埃及艳后克丽奥佩屈拉的剧本。汤玛士·吉德便于此时翻译贾尼尔有关柯妮莉亚的剧本。吉德的法文并不是很好，不过反正剧中也没什么大事发生，书成后，倒博得不少学者的赞赏。吉德正想再翻译另一本书时，却忽然于1594年冬天离世。这位通俗剧作家中最后的老生也凋谢了。

青年诗人的处女作

在瘟疫期间里，伦敦所有正常戏剧活动都呈现静止的状态，这正是通俗剧作家换个方式写作的最佳时机，尤其某个作家满怀大志，想要博得更高层的知识分子的赞赏。莎士比亚对自己的期望愈来愈高，《泰塔斯·安钟尼珂斯》和《错中错》是他对古典题材的尝试。这场瘟疫给了他时间和机会，大约在1592年底，他写下了古典叙述诗《维纳斯与鄂多尼斯》。

在此之前，莎士比亚所写的都算不得真正的写作。他的剧本都不是他的财产，它们属于付钱买下它们的剧团所有，出版与否随各剧团的兴致。疫病结束时，首批出版的剧作都没有印上作者的姓名，也未有文学界的人士认真看待这些便宜的四开剧本。但《维纳斯与鄂多尼斯》可全然不同了，它是被当作艺术品来仔细设计、并遵照最佳的范例严肃而精心地写作而成的。

错中错

这是我们的青年诗人所写的第一部诗作。一开始莎士比亚也照着此道的规矩，来上一点选自奥维德的拉丁引言，它骄妄的语气还颇感人呢——

且任低俗的群众去赞赏低劣；

莎士比亚

Shashibiya

金发的阿波罗却将饮我以满杯的缪斯之泉。

　　《维纳斯与鄂多尼斯》古典之风极浓，字词仅限于文艺复兴时的含义，通篇是丰富的想象与旧式精雕细琢的词句。　这是文艺复兴时期受过教育的读者所最为欣赏的。

　　《维》诗假如是士绅之作，可能根本就不会出版，因为上流人士的作品只以手抄方式流传，不会在书摊上售卖。　莎士比亚可不一样，他可急着要出书，结果他选了昔日史城邻人——老亨利·菲尔德之子来替他出版。　理查·菲尔德居住在布莱克福莱尔，有自己的印刷机，是伦敦城内获准营业的 22 家主要印刷业者之一。

　　理查·菲尔德不只是替莎士比亚把诗印出来，并且是他的出版人。　1593 年 4 月 18 日，他与"伦敦书商、文具商、出版商公会"共同发布声明，他是"《维纳斯与鄂多尼斯》一书之拥有人"。　该书领有惠特基福特天主教及公会理事之一所发的执照，同时，菲尔德还花了 6 便士，把这项资料登录于《出版家名册》中，这就相当于"版权所有"的通告了。　出版商付给作者的稿费视情形而定，他若觉得是赔本生意，作者便只能拿到几本免费的书而已，如果是关于神学方面的确卖得很好的书，作者或许可以拿到 40 镑的钱。　莎士比亚大约从菲尔德那里可以拿到 2 镑，这样已经很公道了，因为他是个无名小卒呀！

　　菲尔德所经手的一般文学的书籍很少，他所出版的几乎全是有关神学的书及古代典籍和教科书，多半是属于学术方面的，他还拥有希腊文和希伯莱文的活字装备。

　　《维纳斯与鄂多尼斯》多少超出了菲尔德平常的印刷业务，不过他还是把莎士比亚的这首叙事诗印成了很美的一本小册子，印刷精致，并经仔细校对过，还拆下一些标题页贴在城里的好些支柱上做宣传，上面写明该书可以在"保罗教堂院落里标着'白灵猩'的地方"购买。

　　菲尔德在"保罗教堂院落"里设有零售书摊，并委托老约翰·哈理生的书店代卖，哈理生是伦敦大印刷业者之一。此时所有的印刷业者皆隶属于一个固定的特许公会，在"保罗教堂院落"里西南边上设有办公厅，并有一个漂亮的纹徽，上头的图案是书、鸟和花。

莎氏赞助人——南安普顿伯爵

"伦敦书商、文具商、出版商公会"是伦敦诸公会中业务推行最严格的公会之一，因为政府不容许鼓动叛乱的印刷品出现，稍有违背常规之处即遭严厉禁止。公会有责任追查不法的印刷商，看他是否在裁缝店里偷印，或者把活字藏在附近的鸡屋里；同时公会还有责任将禁书放进办公厅的厨房里去焚烧。公会的规矩由严密的组织执行，为首的是会长，其下有两个理事以及一个助理法庭，而会长可以说是印刷业者在公会里所能获得的最高职位了。哈理生代理《维纳斯与鄂多尼斯》的售卖期间，即曾两度担任会长之职。

每本书都需要有个贵族赞助人并把书献给他。经验丰富的作家可能在一本书里就把好几个恩公都写进去，第一页献给甲爵爷，第二页可以献给乙爵爷，第三页还可以献给丙爵爷。献词多半满怀盛情，极端恭敬。即使如汤玛士·纳许这号并不拍捧的人物，在他给南安普顿伯爵的献词里，都有以下让人起鸡皮疙瘩的字眼："我将予自己新的头脑、新的才智、新的风格与新的灵魂，以传您的名姓于后世。"

巴纳比鲁巴尼斯因南安普顿"优美的眼睛，那散发缪斯光辉的天堂之灯"而觉胸中诗潮澎湃；约翰·福罗里欧（1553？～1625，英辞典编纂者及翻译家）也在献词中说："对我及许多的人而言，大人辉耀仁慈的阳光，带来了光亮与生命。"

莎士比亚
Shashibiya

比起这些人来，莎士比亚的献词可就显得清醒、有尊严多了——

> 献给公正可敬的亨利·莱奥提斯利，南安普顿伯爵暨提区菲尔德男爵。公正可敬的大人，我不知道将我粗野的诗篇呈献给您将是怎样的冒犯，亦不知世人将如何谴责我，因为我竟选择这般坚牢的支柱，来支撑这般轻弱的分量；但是，只要大人您高兴，那便是最高的赞赏，我当矢志善用所有的闲暇，以更慎重的努力来向您致敬……

从题词看来，莎士比亚和南安普顿伯爵私下并不相熟。他之所以选择南安普顿做他的恩主，恐怕是因为《维纳斯与鄂多尼斯》是情诗。1593 年春，南伯爵才 19 岁，《维纳斯与鄂多尼斯》富含感性的风格，以及对性爱轻和适度的描述应该是青年们所喜欢的类型。南伯爵新近入宫不久，孩提时期父母不和，父亲去世后留给他大笔财富。他由伯里爵士抚养成人，曾就读于剑桥大学。他毕业后本应娶伯里孙女为妻，却没成；1594 年宫中有个仕女拒绝嫁给他，因为他很不稳定，"很容易便会颠痴起来"。

19 岁的南伯爵佩上珠宝，穿上花边衣服，真是个翩翩佳公子，他有一小群可敬的作家，他是个青春的恩主，他喜欢情诗，他也经过充分的调教，懂得欣赏情诗。

伊丽莎白时代的年轻人喜欢读《维纳斯与鄂多尼斯》，并非因它对色欲的危险有高超的见解和它对乡村的描述生动，而是因为它对引诱的尝试描写详尽，以及丰富而篇幅太过的文艺复兴式的象喻。这样的写作冒险的地方是，除非读者本身也一样青春而热情激荡，不然那流泄的字句有时可能会造成始料不及的滑稽效果。当维纳斯为鄂多尼斯之死伤悼时，莎士比亚的文词便失了控制——

"啊呀!"她哭道,且接连着 20 次说:"悲哀呀,悲哀呀!"

《维纳斯与鄂多尼斯》获取了大大的成功,在莎士比亚有生之年共印行过 10 版。 这本漂亮的小书让人读了又读,最后都脱页了。 文选中大量地引述它。 四年后一部在剑桥写成的剧本中还责怪一个过分热情的青年在枕头下藏着这首诗,在书房的墙上还挂有一帧"漂亮的莎先生"的图片。

此后莎士比亚便立刻动手写那首更"慎重"的诗。 这首新诗对年轻得晕头转向的人们就没有这么大的吸引力了;但对于以道德教训而衡量诗作的可敬的长者们却很对他们的胃口。 它是关于公元 510 年塔昆奸污卢可莉丝的故事(古罗马神话,卢羞愤自杀,塔昆一家被逐,王政遂废而改共和),题名《卢可莉丝之辱》。

《维纳斯与鄂多尼斯》成功之后,莎士比亚无疑是见过南安普顿了,而南一定也给了他一笔丰厚的赏赐,以表示对他诗作的欣赏,不然要恩主做什么。 第二篇献词的语调就温暖、热情多了,"我呈献给大人的爱情是永无止境的",那时期的"爱情"相当于今人"友谊"的含义。

莎士比亚的第二首诗和第一首诗一样,也是模仿之作,这次他主要的模仿对象是山姆尔·丹尼尔。 丹尼尔写于 1592 年的《罗莎蒙之怨》甚为成功,出版当年即销行了两版,因为"读了丹尼尔笔下不幸的罗莎蒙痛苦地死亡之后,人人心中都波涛起伏"。

莎士比亚使用与丹尼尔相同的音节,并扩大使用他的一些技巧。 丹尼尔简短地描述一个珠宝箱,箱上装饰着古代传说中的图画,罗莎蒙拿它们和自己的问题相比;莎士比亚则对一扇墙上的图画作了极长地描叙,好让卢可莉丝也依样画葫芦一番。 罗莎蒙自尽前,说了 15 个诗节来哀怜自己;而卢可莉丝自杀前的"悲哀的挽歌"也差不多一样长。 这首叙事诗较《维纳斯与鄂多尼斯》更受欢迎,6 年当中共出版 4 次。 16 世纪 90 年代末期所编纂的一本文选就从《卢可莉丝之辱》里摘选了 91 句。

理查·菲尔德这回没有出版《卢可莉丝之辱》。 这份荣耀这回属于"白灵猩"的约翰·哈理生了，他显然立刻就明白威廉·莎士比亚的作品会是很有价值的商品。 哈理生仍然让菲尔德把新书印出来，但自己去申请版权，于 1594 年 5 月 9 日将《卢可莉丝之辱》登录于《出版家名册》之上。 他同时还想再版《维纳斯与鄂多尼斯》，而于次月与菲尔德达成协议，将版权转让给他。

这两首诗的成功使得莎士比亚在 1594 年春叫人既羡且妒。初出道的诗人还能再要求什么？恩主有钱、有影响力，对他甚感满意，同时还是地方上最尊贵的人。 他的出版商又是他那一行里顶尖的要人，并且明显地对他的作品很有兴趣。 此外，他开始获得评论家们同声的赞赏，尤其"非常值得颂赞的卢可莉丝"更是如此，他已经在人们眼中有了一定的地位。

只是所有这些都阻止不了莎士比亚继续从事演员的行业，然而演员这一行对于他继续写作剧本实在不具有特别激励的作用。普通剧本的作者能拿 6 镑钱就很了不起了，可是写一篇哈理生和南安普顿称好的叙述诗所得到的保证比这个多得多。 再说，诗人写剧本可赚不到什么名声，1594 年一本剧本也没出版，后来在书摊上泛滥成灾的却是很便宜、印刷得很差的四开本，而且是无名的。 一部剧本顶多只会带来"便士下里巴人"毫无评议性的鼓掌罢了；然而一本经过好几版、印得漂漂亮亮的书，则不只能赢得时人的称誉，且能使自己的名字相传不朽。

1594 年春，可以说是莎士比亚写作生涯的转折点。 《维》诗已经成功，而《卢》诗也正向成功迈进。 但是，莎士比亚倘若继续在这条路上行走，为南伯爵和伊丽莎白时代的上层读者写书，那么他刻画角色的天才便要遭到永久地埋没。 他会继续写些漂亮华丽的诗，其中满是细枝末节，就像织造精致的缀锦，却无生命的气息。 16 世纪 90 年代末期，这种文艺复兴时期的诗作渐趋尾声，莎士比亚的作品便会随之销声匿迹，他会成为伊丽莎白时期的次要作者，他的作品只能吸引文学界的宿儒，对一般大众而言却毫无生命。

一个作家之所以能够卓然成为大家，在于他有一种直觉，晓得避开毁灭他的陷阱。 不论莎士比亚自己知道与否，他的天才要仰赖完全的写作自由才能发挥到极致。 在这个世界上，莎士比亚比任何人都更需要有足够的空间，让他能在无任何文学规则的阻碍与文学专家琐碎的评论之下，随心所欲地尝试。

在南安普顿的狭窄圈子里，以及任何特别的文学流派与风尚中，都没有这样的空间容他发展。 唯一能给予他这种自由的是伦敦戏院的"便士观众"，是寻常的伦敦百姓，他们并不依据意大利的三一律或是法国小说在意的相称、合宜的原则来论断，而是全凭直觉的喜好来下评语。 他们不愿把字句奉为主子，毕恭毕敬地依照最好的规则来安排；他们要把字句用为仆从，为他们带来真实的人物与真实的情感。

1594 年，瘟疫过后戏院重开。 之后，莎士比亚写过一些十四行诗，却不想印出来，直至 15 年后，才由一个经销书本的既无店面又无印刷机的小人物在未获授权之下擅印了一版。 他为了出版而写的唯一的一首诗很短，题为《凤凰与乌龟》，发表在 1600 年初期一本叫做《爱的烈士》的书里。 有四位剧作家写了些诗献给约翰·萨利斯伯里作为尊崇的表示，莎士比亚是其中之一。

此后莎士比亚所写的一切东西都属于 1594 年他所加入的剧团所有。 这个班子控制着他所有剧本的版权，视情况而决定出版与否，莎士比亚自己则满足于仅为剧团工作人员之一而已。

威廉·莎士比亚大概至少有一方面像他父亲：一旦下定决心要做什么事情，就一定贯彻坚持到底。 像他这样地完全献身于戏院的作家，在伊丽莎白时期岂止是不寻常，压根儿便闻所未闻。尤其像莎士比亚，在短期里便在文坛上异军突起、光芒四射，就算不愿再写叙事诗，也总会写点宫廷舞剧剧本（流行于十六七世纪，不重剧情），如班·江生、山姆尔·丹尼尔和法兰西斯·柏蒙（1584～1616，英国剧作家）一般。 或者，他也可以像别的剧作

辉煌的莎士比亚剧院

家一样，写些在城里露天表演的历史剧，或为特别场合写些诗，甚至写些恭维的诗印在朋友书本的首页。 汤玛斯·赫伍德在戏院里当演员，写剧本四十余年，也为了身后的名声写些非剧本的作品，像汤玛士·戴克、乔治·柴普曼等剧作家更是如此。

　　莎士比亚在以后的 16 年里，在文学领域里形成一股无与伦比的创作力量，好似一股劲风，突然寻得了真正的通道，从此自由狂吹。

才华横溢的剧作家

　　道德和才艺是远胜于富贵的资产，堕落的子孙可以把显贵的门第败坏，把巨额的财产荡毁，可是道德和才艺，却可以使一个凡人成为不朽的神明。

——莎士比亚

莎士比亚
Shashibiya

"政务大臣"剧团

1594 年春天，伦敦的瘟疫渐渐消歇了。 金匠街以前装潢富丽的店铺纷纷刷墙涂壁，大事重张。 有个名为法兰西斯·蓝利的金匠甚至开始计划在骚瓦克修建能容纳三千观众的新戏院。 历劫两年而犹存的演员们又开始重组剧团，其中有两个剧团最大，驾驭着整个伦敦舞台。

戏团之一是由艾德华·阿林领导的，由他的老泰山菲力浦·汉斯洛经营，长期租用汉的玫瑰戏院。 这个剧团的赞助者是艾芬汉的霍华德爵士——查尔士，他曾指挥舰队对抗西班牙的无敌舰队，是英国的舰队司令，故而阿林的剧团被称做"海军上将剧团"。

阿林的劲敌原为史传基爵士名下的剧团。 1594 年史传基亡故，他们另找了一位亨利·汉斯登爵爷做他们的恩主，此人是女王表亲，亦是她活着的亲戚中最亲近的一位。 汉斯登是枢密院议员，曾在宫中任政务大臣，故此他的戏班被人称为"政务大臣"剧团。

1594 年，"政务大臣"剧团成立，威廉·莎士比亚便加入进去。 该年宫廷的圣诞表演中，他曾是列名接受酬劳的三位演员之一。 他是否以前就为这个剧团工作已无可查考，但是他以后一直都待在这个戏班里。

在往后的 16 年中，莎士比亚与团员们的亲密情谊胜过手足。 就某一方面而言，他的艺人同辈与他使用的字句，是他创作的素材。 他以剧作家的身份联合他的同仁们，透过戏剧这个媒介而迎合观众的情感。 幸运的是，他所在的这个剧团里的人人都能力高强而又聪明灵巧。

伊丽莎白时期的剧团人人荣辱与共，他们的财务情况完全依凭无私而明智的合作来维持。 戏服、道具、剧本皆为团员共有。 在莎士比亚的剧团中甚至有一个创举，那就是共有戏院。

大家共有财产而不发生纷争，它所依赖的不是法律条款，而是友谊，各个演员必须心甘情愿地以团体福利为先，个人利益为次。 在以后的 10 年中，另一剧团的股东们费尽心思，拟了许多条文，而他们唯一关心的只是捞钱，结果两年不到，就在纷攘的官司里关门了。

即使演艺事业的敌人们也不得不承认，有些演员们"庄重、审慎、甚有学养，是老实的艺人，并是邻居们眼中的好市民"。 这个描述正是莎士比亚的剧团最好的写照，他们安静地过活，勤奋地工作，不涉足酒馆，也不呼朋喝友，只把光芒留给舞台。

莎氏的好友理查·柏璧基

这个剧团的当家演员是理查·柏璧基，他一生都住在休第曲街的赫立威尔街上。 理查·柯里是另一个团员，与家小也一直住在赫立威尔街，他因演活了莎士比亚《无事生非》剧中的维吉斯一角而获致不朽的声名。休第曲街就在戏院邻近，莎士比亚自己有段时间也住在离赫立威尔街很近的地方。

另一个重要的戏院区在骚瓦克，由于已有玫瑰戏院，蓝利便计划在此兴建天鹅戏院。

"政务大臣"剧团有几个演员也住在骚瓦克，如奥格斯汀·菲力浦斯、罗伯特·高、汤玛士·柏普、威尔·史莱等人都居住在此。 柏普和史莱两人终身未娶，但柏普却收养了一些孤儿。 唯一未住在戏院区的两个重要成员是约翰·何明基斯和亨利·康德尔。 这两人住在城西的豪华住宅区里，对教区中的事务十分热心。 康德尔是教会职员，他与何明基斯都是财产信托人。

文艺复兴时期

1600年起，何明基斯便负责处理剧团中几乎所有的财务，直到去世为止。 临死前，何已经成为演艺事业里的领导人物了。 1623年，在他们俩的主持下，发行了莎士比亚剧本的"第一对开本"。

莎士比亚在伦敦没有固定住处，因为太太、孩子都不在城里。 有阵子他住在毕薛普给街，后来搬到骚瓦克，成为奥格斯汀·菲力浦斯与汤玛士·柏普的邻居，然后又在城西的私人家里赁屋居住。 总之，他是个伦敦城居民，定期赋税，却恐怕是团里唯一没有永久住处的人。

莎士比亚因为没有自己的家，也就不可能有徒弟了。 因为教徒弟这一套是需要有个女人持家的。 演员的老婆们把老公的弟子当成自己的孩子来抚养。 像何明基斯的女人莉贝嘉，除了自家14个孩子外，还带养丈夫的好几个徒儿；亚力山大·库克和约翰·赖斯是其中的两个。 奥格斯汀·菲力浦斯也有徒弟，山姆尔·纪尔波恩是其中之一。

库克、赖斯、纪尔波恩等年轻人都加入了恩师的剧团，列名在"第一对开本"中，是曾演过莎士比亚剧本的演员。 另外理查·柏璧基的爱徒尼可拉斯·涂利甚至在遗嘱中遗赠 10 镑钱给柏太太，感谢她"母亲一般的照顾"，并且遗赠 5 镑予康德尔太太，以表示对她的敬爱。

艾德华·阿林随着史传基的剧团四处流浪演出时，结婚还不满一年，他的新媳妇老抱怨别的演员的老婆们收的信比她多。阿林算是有良心的了，他常常写信回家，可是他的丈人汉斯洛还老是不客气地说："别家的太太收到信时，我们都没有你的信。"

和阿林同台演出的何明基斯和奥格斯汀·菲力浦斯一定也在旅途上花费许多时间写家信；康德尔甚至把三个女儿都取了爱妻伊丽莎白的名字。

莎士比亚加入的剧团里的演员们原是最眷恋家庭的一群。团员们把这种爱家的感情和气氛也带到剧团里来，在遗嘱中彼此互赠财物，并相互指定为财产信托人，或遗嘱执行者，把孩子、徒弟相互托付。 就事业的眼光来看，一个剧团要在伦敦成功、宏图大展，单靠团员间深密的情谊是不够的，它还得具有高度的职业水准。

理查·柏璧基在 35 年的演艺生涯里远近驰名，去世时整个伦敦城都为他哀伤。 他曾扮演过各种不同的角色，如哈姆雷特、奥赛罗、李尔王等，有人说这些角色"因他而活"，也因他而死。 据当时人们的记述来看，柏璧基无疑是个杰出的演员。此外，这个剧团里的威尔·甘普及汤玛士·柏普、乔治·卜莱安等人也都是光彩照人的演员。

莎士比亚所属剧团中的大部分团员的私人事迹都不可考了，因为一个剧情每日更换的戏班子的高水准演出不在演员个别的辉煌表演，而在剧团整体完美的搭配与合作。 "政务大臣"剧团的团员都曾久经历练、聪慧灵敏，不是寻常之辈，莎士比亚要不是有两下子，谅也不会受他们的邀请加入。

团员亲如家人，素质又高，这对莎士比亚的写作是很有帮助的。 首先，他知道自己的剧本将会由一群长久一起工作、对演戏这一行有透彻了解、能驾轻就熟的人们做细心、聪敏而引人共鸣的诠释。一般而言，即使再好的剧本也可能在拙劣的演出后"寿终正寝"，但莎士比亚的剧本却无需担心这些。

其次，伊丽莎白时代靠笔杆谋生是极为艰难的，莎士比亚却从未遭受过这样的压力。他同柏璧基、康德尔一样依赖演戏过活，而且也像他们那样投资于土地，最后还能给子孙留下为数不少的财产。

剧团里的人共同负担戏服、剧本、租戏院、雇用其他助手的费用。票房收入在扣除演出费用之后，每星期分配给各团员。遇上时况不佳，团里就不会有预备金，因为"政务大臣"剧团不像"海军上将"剧团那样有汉斯洛这样的富人撑腰；但若遇着好光景，团员们就会有大笔现金可供支配，而现金在伊丽莎白时代可是稀有的东西呢。

莎士比亚

莎士比亚是绝无可能靠写剧本过活的。当时一部剧本最高的价码仅约 8 镑钱。 如汤玛斯·赫伍德这样成功的剧作家通常也只得 6 镑而已。 莎士比亚在戏院工作 20 年，共写成不到 40 出的剧本，算算每年平均收入不及 20 镑。 班·江生曾估计，他一生写剧本的收入不达 200 镑，可是莎士比亚光投资一笔不动产的花费就超过这个数目两倍哪！写剧本顶多赚点外快罢了，莎士比亚主要还是依靠演员的职业维生。 有个酸不溜丢的作家曾说，演员是"全世界最好的捞钱行业"了。 莎士比亚的剧本若是成功，演出收入也自然增多，然而增多的收入却是全体演员共享的。

　　要想了解莎士比亚所占的优势，就非得和当时其他剧作家相比较不可。 任何剧作家把剧本送给"政务大臣"剧团或"海军上将"剧团，只能获得买断的稿费，这便是最后一次见到自己的剧本了。 他把所有的权利都交了出去，由于对于团里的事务并无说话的余地，因此剧本的演出也没有他说话的余地。 甚至对于要写什么样的剧本，他也没有多大的自由，特别是剧团赶着要剧本的时候。 起码在"海军上将"剧团里的习惯是把情节拆开来分给 4 个作家每人各写一幕。 在这种方式下，就需要一个脑袋好的人，先想出一个完全的剧情，像安东尼·孟岱就是公认的"我们最好的情节家"。

　　这样的方式偶尔也会产生相当好的剧本，但是很明显的是剧作家们可不喜欢。 1600 年左右，童子剧团再度兴起，在大约 10 年左右的时间里，几乎所有的好剧作家都转而替他们写剧本，因为在他们的方式下，作者有更多发挥的余地，也有更多的机会让自己的剧本印刷出版。

　　莎士比亚是否也曾参加过这样的集体创作就不得而知了。有一本关于汤玛士·摩尔（1779～1852，爱尔兰诗人）的剧本是孟岱想出来的剧情，然后再由几个作家集体执笔，其中有一个人的笔迹辨不出是谁的，有许多学者认为出于莎士比亚之手。 不过人们所认知的莎士比亚的笔迹，最早见于 1612 年 5 月 11 日，而且还是信手涂出的简写姓名。 现在他仅存的另外四个签名里，有 3 个是在遗嘱上，而它们看起来还不像是出于同一个人所写呢。 因此要确认他的笔迹是不可能的了，而他参加这种集体创作的可能性恐怕也是微乎其微。

莎士比亚与当时的一些剧作家不同，他创作剧本丝毫没有经济的压力，且可完全自由地选择题材。 他的剧本形形色色，包含甚广，可见他丝毫不受拘束，不必因为一剧成功而再赶写另一出同类型的戏。 他可以依自己的希望尽情舒展，随自己的喜欢任意尝试，而他的演艺同仁们则始终忠实、执著地跟随着他。

莎士比亚的剧团另外还做了一件极重要的事情，那就是保持着他原作的完整，最后又费心让它们全部出版。 这个时期里，没有哪个作家有这样的待遇，写于这时的剧本有五分之三都遗失了。 何明基斯和康德尔在推出莎士比亚全部剧本的第一版时说"他的智慧很可能散失并隐没了"。 如果不是何明基斯和康德尔这样的人，莎士比亚一定有许多剧本不是失落了便是以讹误的版本而传世。 因此，像《安东尼与克丽奥佩屈拉》和《暴风雨》之类的剧本得以保存不朽，实应感谢莎士比亚的演员同仁们。

当时有关莎士比亚的记载都显示，在他的职业生活中，他轻松而愉快，与人无争，也从未参加过任何的文学争怨。 与他同时的约翰·戴维斯爵士无限赞赏地称他是"我们英国的德伦西（公元前 185～公元前 159，罗马戏剧家），威廉·莎士比亚大师"，赞扬他——"您没有怨责之心，却有着驾驭的智慧。"

莎士比亚不喜欢"怨责"，部分应归于他天生的好脾气和与生俱来的谦恭，这些为他换来了"温雅的莎士比亚"的封号。莎士比亚在剧院里工作了 16 年，在他所选择的这门艺术里，没有遭到压抑也没有摩擦，对于自己、自己的作品和演出的效果都充满了信心。 就职业而言，他真是个幸运的人，而与他同样幸运的则是与他共事的人们。

"政务大臣"剧团新成立时，最先使用的是纽文顿巴兹戏院。 这个戏院约于 14 年前建于骚瓦克另一端的纽文顿村中，颇不理想。它离城太远，除假日之外别无观众。"政务大臣"剧团只在 1594 年 6 月里演出了 10 天。其时瘟疫之令初解，伦敦城内的大戏院短期之内仍然关闭，准备清理、装潢之后重新开张，"大臣"剧团只得与"上将"剧团合用组文顿巴兹戏院，而实际上使用它

暴风雨

的舞台一共才有六个下午而已。

　　"大臣"剧团将《泰塔斯·安钟尼珂斯》和一出名为《伊斯德与阿哈苏鲁斯》的圣经剧各演了两场。《泰》剧的出版者说该戏共有三个不同的剧团演出过，因此"大臣"剧团便是第四个演出的剧团了，由此可见《泰》剧屡演不衰。此外出版《泰》剧的约翰·丹特还依据这相同的题材发行了一首歌谣，使得伦敦街头人人哼唱"命运是我敌人"的调子，唱述着泰塔斯的不幸。这个调子原先一直配唱有关谋杀的歌词，后来被人称为"吊人调"。

　　9 月 29 日圣迈可祭日前，伦敦已经一切恢复正常，戏院的档期也排满了，准备着好戏登场。"大臣"剧团决定使用十字钥匙客栈作为冬季表演场所，因为该处位置十分近便，像另两家客栈"雄牛"与"钟"一般，都在大通衢之上。这条大道在伦敦叫做恩典教堂街，在与休第曲街相交之处则称为主教门街。

　　这三家旅店在过去已有多年被使用为戏院的历史，它们皆在城墙之内。市长与他的参事们都很不喜欢将它们当成戏院使用，可是"大臣"剧团的恩主是女王的第一代表亲，颇有使女王

"言听计从"之力。 他答应伦敦市议会，他的演员们在下午2点钟一定准时开锣，因此观众中的小兄弟们可以在天黑以前便回到家里。 他保证不在街头巷尾吹吹打打做广告，更表示愿意自每日收益当中捐献部分给教区里的穷人。 另外他还提醒当局，他的演员若

剧场模型

不在大众之前磨炼演技，圣诞节来临时，便无法在女王御前演出了。

关于戏院的问题，女王与伦敦市讨论的结果也是一样的。女王要看戏，却不想花大钱养个御用的戏班子，因此只有求于民间的商业戏院这一途径。 数年前女王曾精选伦敦最好的戏子，由她破例亲任赞助人，虽然这些戏子钱不多拿，特权却不少。到后来，城里每个戏班子都自称是"女王的人"。 瘟疫之后，"女王班底"不再重组，终女王余生，圣诞戏季在宫中首演的荣耀都归了"大臣"剧团。

在后世人的眼中或许这是理所应当，因为有莎士比亚的关系，事实上，确实是他们的恩主政务大臣的关系。 政务大臣掌管王室日常生活中的一切，包括所有的宫廷娱乐，因为"飨宴处"直隶于政务大臣。

莎士比亚与汉斯登爵士接触时，汉已近 70。 他的"性子极为急躁易怒"，既不圆滑也不逢迎，但是女王偏就欣赏他的诚实与忠心。 他的剧团确实日见兴隆，总是在圣诞假期时获得在宫里开幕首演的殊荣，同时也较别的剧团在御前做更多的演出。不过，当然也是因为这个剧团出类拔萃，否则贵如政务大臣的汉爵士也不会出面支持了。

为女王演出

在女王御前演出的日子是 1594 年 12 月 26 日。 布景、道具、戏服都得要在演出的剧本决定之后才能计划，因此各剧团都得早早准备才行。 飨宴官的办公在可乐肯威，夏季里他监督着把戏服取出晾晒、揩干、刷净，做好财产记录，把工作室里的蛛网用长柄帚清扫干净以后，就开始传召各剧团前来。

飨宴官艾德蒙·逖尼是个爽朗、文雅的人，到 1594 年他任飨宴官已有 15 年，飨宴处在他的经营之下已拥有极大的职权。他处理公务的地方在可乐肯威"圣约翰"的旧宫里，共有 13 个房间供他使用。 可乐肯威是"新城"北面的郊区，往日演神迹剧时戏誉鼎盛。 逖尼在此有花园、厨房、储藏室、马厩，以及一间"大厅"可作排练之用。

逖尼为女王选剧本不是靠听说来决定的，而是要看它们实际演出的情形而定。 演员们带着他们的乐师、道具和戏服前来，由逖尼负责装运费用。 最后选出的那些剧本不消说当然是最好的了，但常常还需经过飨宴处官员们的"细读……修改和订正"。 1594 年，"大臣"剧团有两出戏在精挑细选之后要在女王御前演出。

排练都在晚上，如此才不致影响各剧团白天里的工作。 圣约翰宫中需要极佳的照明设备，每年的账单里头有许多项目都是很特别的，如两打火炬、十五打蜡烛，用以在排练厅四周相连不断的烛盘中燃照。由于冬天到了，炉火得熊熊不熄，账单上因此还包括了四百根薪柴和两大担的煤。此外还要付灯心草的钱，它可以保持排练厅里的地板干净、温暖；另外需雇用门房和三个侍役。

剧本一经选好，道具、戏服、布景就要开始制作，其中有些得演员自备，因为飨宴处总是精打细算的。宫廷中的舞台情形与外头的不同，演员们在人造灯光下在长方形的厅里工作，其中一般的安排装置大致和今日电影院中的舞台相似。它的背景装备精巧繁复，取自意大利舞台的透视方式，并向布商订制"适用的房屋，以帆布制作，加上框架、做出形状，并加上色彩"。景物的设计也是采用意大利的方式。

画师必须卖力工作到圣诞节来临，因为他不单要制作帆布房屋、城堡、村庄，还要制作镀金的狮头，在装塞着羊毛的鱼儿外头涂上绘彩，让它们的形象逼真到观众只需瞄上一眼便能分辨出哪是鲭鱼，哪是比目鱼。

同时，戏服也要设计、缝制，演员们的漂亮衣服就从成堆的丝绸、亮片、丝绒、缎子与金色的织锦中制造出来。头饰、假发、胡须需要整制；水果、树木、怪物也得用牛皮纸和灰泥做起来，送给画师去画。

1670 年，有个飨宴官员很不高兴地抱怨说，工人们都没有自己的地方工作，"裁缝师、画师、道具制作人和木匠们全都喜欢在一个房间里工作，彼此真是碍手碍脚极了。"虽然有篮子、盒子装东西，扫把、簸箕扫地板，可是这个房间的脏乱嘈杂、乌烟瘴气，自然是不必多说。飨宴处的官员还得记账，使呈报上来的怪物、冬青树、马尾、枪枝、青苔和"怪物眼中的大餐"的费用不致超出预算。

圣诞节越来越近了，飨宴处也越来越紧张。负责的官员们几乎无所不在，而工作赶得越紧急，花费也就越大。有时画师无暇用膳，就要把饭做好了给他们送去。 有一年，做头饰的师傅直赶到圣诞夜，因此还得特别给个红包。

这时所有其余的装备像布景啦、戏服啦、道具啦以及复杂的灯光配备等，都得包装起来经由泰晤士河拥挤着运往格林威治（伦敦东南之一城），因为 1594 年的圣诞节，女王要在格林威治度过。

开演的日子在 12 月 26 日，是星期四。 这天圣史蒂芬节的表演在晚上 10 点钟左右开始，这是数月来辛苦工作的高潮时刻。

格林威治只是一个小小的夏日行宫，座位安排比起"白厅"宫较不正式。 以后几年中，"大臣"剧团的大部分戏都在"白厅"宫里上演的。 "白厅"宫有个大的宴会厅，主要就是为表演而兴建的。

女王大约在说开场白的演员

伊丽莎白女王一世

拼命把两颊扭出颜色时出现。御驾莅临之际，就是阅历最丰富的演员也禁不住要怯场。 伊丽莎白女王是金光灿烂的太阳，整个英国都绕着她运转。 最尊贵的爵爷到她面前都要行跪礼，跪着对她说话，跪着同她玩牌。她穿戴着辉煌夺目的珠宝，受着万民的瞻仰，就像是英国诗人笔下神仙故事中的人物。

1594 年，大臣剧团在女王御前演出时，莎士比亚面对的伊丽莎白已是六十开外，年轻时的形貌已杳不可寻，只是背脊依然挺直，双手依旧柔美。 她虽然脸上皱纹重重，戴着假发，牙齿稀疏，却还是年轻女子的装束。 三年后法国大使初见女王，觉得她是个自负而敏感的老太婆，可是不消几天，却不得不承认：

莎士比亚
Shashibiya

"她是个非常了不起的女王，无所不知。"

宫里的男人并不全都喜欢让个女人来统治，不过大多数的人对她都是既爱且畏。

伊丽莎白早就认为要使纷攘不休、固执己见的国人臣服于她，只有被他们爱戴这一捷径。她比一心谄媚自己的王公大臣们更费心地去取悦她的子民，她脸上经常荡漾着的微笑是"清纯的阳光"。

伊丽莎白女王一世是剧场的爱好者

这不只是一种政策而已，而是贯穿在她漫长烦扰的一生当中。她对英国的爱确实比对别的事物都来得更无私、更诚挚。

伊丽莎白当然希望看到职业剧团高水准的演出，尤其是付了他们戏服、道具等费用，并给他们 10 镑的赏钱。不过大体而言，她却是个理想的戏迷，她只想看看戏消遣消遣，是再好也没有的观众了。她和伦敦人的兴趣一样，喜欢的东西也大致相同。伊丽莎白的母亲来自中产阶级，她的曾外祖父杰佛瑞·波林是伦敦商人，伦敦人总觉得她即是"平民之后"，也便是他们之一。虽然她父亲和以后的继位者都各有自己的弄臣，伊丽莎白却宁愿同一般的伦敦大众一道分享如塔里顿和甘普这样的大丑角。

伊丽莎白比她大部分的子民博学得多，却不夸张地崇尚学术。她通晓六国语言，翻译过西塞罗（公元前 106～公元前 43，罗马政治家、演说家及作家）和普鲁塔克的作品，用以松弛转个不停的脑子。当"蠢笨的"枢密院"激怒"她时，她就读些塞尼加的东西来平静自己。

在女王面前首演的艺人们面对的是个敏锐、有判断能力且对演戏的行业知之甚详的人。女王本人就是诗人，是个音乐家，并是个熟练的舞者。

对于喜剧的口味，伊丽莎白也同她的子民一样，并不特别讲究。宫中虽然男女有别，礼数严格，却不妨碍她欣赏一些舞台上莎士比亚露骨的言辞。伊丽莎白约有 28 名宫女，而宫中的男性倒有 1500 名之多，要随时留意着这些活泼又已达适婚年龄的年轻女孩，真是够她头大的了。伊丽莎白在位的期间里，戏剧家们从未写过宽赦或鼓励不道德的性爱的剧本。通奸是悲剧的题材，不能用于写喜剧。莎士比亚在《皆大欢喜》里，花了很长的篇幅和复杂的情节，来避免主角在他的喜剧里发生奸情，这完全是依照伊丽莎白时期的剧作家的正常规矩行事。这要到下一任女王继位以后，情况才有改观。这时，伊丽莎白已是人老珠黄，在精神上和与她同一阵营的伦敦主妇们一样，正逐渐丧失影响力，只有像莎士比亚这般老派的作家依然写着老式的剧本。

"大臣"剧团在女王御前演过两出戏，酬劳是 20 镑。到 3 月，"威廉·甘普、威廉·莎士比亚和理查·柏璧基，政务大臣之仆"才能收到这笔钱。付钱的方式就同平常那样麻烦，要由枢密院开支付书，但支付书上写明该两出戏是在 12 月 26 和 28 两日在女王御前演出的。这一定错了，因为"上将"剧团也为在 28 日即星期六这天的演出而支取酬劳。

再说，"大臣"剧团在那一个特别的星期六是在葛雷法学院上演《错中错》。葛雷法学院的观众与格林威治宫廷里的观众并无多大不同，只是这儿的绅士和女客们更年轻，也更活泼，早就准备好要趁着圣诞假期的大好机会好好胡闹一阵了。

四法学院是位于伦敦城西的四个法学住宿学校，在此求学的青年将来要从事的是最受人尊敬而又财源滚滚的行业。不错，"执事本"上登录的姓名不见得个个都是绅士出身，然而一个有钱的父亲却是入学的第一要件。既然这些都是号称绅士的人物，因此接受的也是"适合他们地位的人"该受的教育，他们学

莎士比亚
Shashibiya

习跳舞、骑马、唱歌，甚至演戏。

　　葛雷法学院是四所法学院中规模最大的，他们自己戏剧的水准甚高。　不过在1594年的圣诞节，他们却请了职业剧团来表演。　他们在70尺长的大厅东端立起了鹰架，搭建了舞台，然而"大臣"剧团的团员们当天晚上可受足了罪，由于"观众过多，演员们连一点方便可用的空间都没有"。　主要的原因是请帖发出得太多，穿着大蓬裙的伊丽莎白的仕女们占了太多的位置。

　　法学院的年轻学生在自己不演戏、也没请职业演员来表演的时候，便走过伦敦到骚瓦克或休第曲的平民戏院里去付钱看戏。他们在城里走动，让人觉得伦敦真是个大学城。　在演员们的眼中，法学院可比牛津和剑桥两个大学好多了；牛津和剑桥源起于修道的目标，一致反对职业演员，而这四个法学院却成立于公会系统之下，他们的校长都不反对戏剧。　牛津的学生去看商业戏剧会受处罚，而葛雷的学生在7年的住校时间里，却可以把伦敦上演的新戏全都看遍。

　　伦敦没有类似的女子学校，然而她们的教育并未被忽视。由税收支持的机构如基督医院，在派出青年女子服务之前，也先教导她们阅读。　文艺复兴时期伦敦城里的一般女孩从来不觉得自己不如男人。　在飨宴官艾德蒙·逊尼写的一本书中，有个年轻女郎如是说："老公服从老婆一如老婆服从老公，这才像话……因为女人也同男人一样有灵魂……有智慧。"伦敦上流人家里那些美丽动人、独立自主的女子们，即是莎士比亚后来喜剧中快活的女主角的模型。12月28日"大臣"剧团演出《错中错》时，葛雷学院的女客们也就是这一群。

　　像"大臣"剧团这样成功的剧团，常有人会邀请他们做特别演出。　如果是个非常重要的场合，就在下午演出，譬如恩主政务大臣要款待某位大使时便是。　不过演出通常都在晚上，以免影响了日间的节目。只要遇有婚礼等特别庆典，伊丽莎白的子民自然而然地就想到演戏，因为这是他们最喜欢的消遣，因而婚礼过后，戏剧也常跟着开演。 屋子若不够大，大可租他一间堂屋来使用，在其一端建起台架便可。 这样的特别表演使得演员的收入特别好，他们主要的花费是在戏服和道具的装运上。

像这种私下演出是不会有新剧出现的。 为了婚庆，可能会编写舞剧，这种舞剧中有故事、有舞蹈，能够预计它的效果。可是一出戏若不在观众面前实际演出，效果绝对无法预估，因而伦敦各剧团除了将新戏推出，在观众面前试演之外，别无他法。上演新戏是冒险的投资，若是眼光错误，便得彼此承担损失。但要是新戏成功了，它便会成为固定戏目之一，在晚间的特别表演中登场。 因此，伊丽莎白女王所观赏的剧情皆是寻常的伦敦戏迷喝彩过的。

《罗密欧与朱丽叶》

在女王御前演出或为私人团体表演固然重要，但各剧团的主要营生是在每日下午的固定演出。 所演的剧目有已经占着一席位置的老戏，也有演员们花了不少时间、精力和金钱试演的新戏。 新戏上场自不能每次皆获成功，因为戏剧表演是不稳定的行业，即使备经历练的剧界人士，也无法在剧本上演以前确定它的价值。

16 世纪 90 年代中期，就在"大臣"剧团初成立不久，莎士比亚写了一出极为成功的剧本，那就是《罗密欧与朱丽叶》。如往常一般，他脑子里构思的是个古老的故事，这也是他与当时大部分剧作家唯一不同之处——从不利用当代的生活作为剧情。在《罗》剧里，莎士比亚不仅用的是老故事，而且还是家喻户晓的故事。

早些年时，《罗密欧与朱丽叶》曾是伦敦舞台上一出叫座的戏。其时有个名唤亚瑟·布鲁克的青年，在看过之后感触甚深，就写下了一首诗篇，被一位叫威廉·彭特的军官收在他的故事集里。彭特是军械部的一名军官，闲时搜集、翻译一些意大利作品以消遣。

罗密欧与朱丽叶的家

这种意大利式的情欲澎湃激荡的小说，到 16 世纪 90 年代中期已经显得有些过时了，可是莎士比亚并不在乎是否走在文学运动的前锋；他并不是革新派，在他全部的创作生涯里，他都选择较旧式的故事作为自己剧作的蓝本，而不管他的同行们是否正从事他们似是而非的创新。

身为作家，莎士比亚让人觉着最稀奇的一点，是他在选择题材时，从不写认为自己高高在上而瞧不起别人的作品。他仔细而留心地阅读布鲁克的诗，想根据它来写一部严肃的悲剧。布鲁克的风格愚稚浅俗，道行比他差的人看了都会跳脚，但莎士比亚偏能不愠不火。

莎士比亚身为演员，难得他能以稳静、宽忍的谦虚，在许多蹩脚的戏里演出，而丝毫不减他对剧艺的热诚。他对布鲁克也以如此的稳静、宽忍来全心接纳。他的剧团一年大概要推出 15 出新戏，莎士比亚既然是固定团员，必然免不了要在其中露面。这些戏不会全是好戏，由现存的少数几出来看，根本就是差劲透了。举例来说，《李尔王》在宫廷首次上演时，"大臣"剧团也另有一出戏同时在宫廷里演出，那是巴纳比·巴尼斯写的《恶魔的契约》。《恶》剧中的角色出乎寻常地多，莎士比亚就是想躲都躲不掉。一个演员倘若自觉剧本配不上他，那还谈什么排练呢？因此莎士比亚一定是以一位优秀演员的谦逊和专注积极地协助，以使演出能够成功。巴尼斯小心地把自己的剧本印了出来，然而那幼稚的通俗剧和《李尔王》比起来，真是天壤之别。但莎士比亚却还要在其中演出，假如是较敏感的人，早就气坏了，唯独他在别人剧本的幼稚与粗俗当中，丝毫不受影响。

除了风格拙劣之外，另一个让现代读者难过透顶的是亚瑟·布鲁克如影随形，非要指给读者一个教训才满意，这也是伊丽莎白的子民最爱搞的一套。彭特说他之所以翻译罗、朱这段不法的爱情故事，是因为它能教导读者"如何避免淫乱的欲望与放荡的心志所带来的毁灭、覆亡、不便和烦恼"。

布鲁克操的心更多："……叙述给您看，一对不幸的恋人……罔顾父母、朋友的训示和劝告，却与饶舌的醉鬼和迷信的教士共商大事……滥用合法的婚姻之名，试图掩盖秘密的婚约之耻，终因秽乱的生活，而遽赴最悲惨的死亡。"

莎士比亚的眼睛略过了所有这些教训和对罪恶的惩罚，只看到布鲁克的"遽赴"两个字。他没有就罪恶和惩罚来做文章，却写了因仓促而造成的悲剧。剧中人物的悲剧缺陷是因为他们都太匆忙，莎士比亚将原来的故事略加更动来强调这点。他把故事的行动由数月减为一周之内，在这"火热日子"的一星期里，一切急速地绽放，然后又急速地凋谢了。布鲁克的朱丽叶是 16 岁，而他写的朱丽叶却只有 14 岁，而且她对罗密欧的爱情"迅烈如闪电"。

布鲁克几乎未对角色做任何的刻画，对于保姆，则让她就照顾朱丽叶一事做了连他自己都觉得"可厌的长篇叙述"。莎士比亚也对这个逗笑的角色做了一番陈述，首演之日观众爆出的欢笑一直回响到今天。

何明基斯和康德尔处理莎士比亚的手稿几乎达 30 年，对他的写作习惯有所说明，说他是个速度快的作家，"他的手、脑同行并进，说与写同样顺畅，我们难得收到他有涂抹的稿子"。那就是说，莎士比亚先把一切在脑海里想过以后才写在纸上。所幸的是莎士比亚能够"在自己脑袋中先将一切准备好，想完

全"，不然他的职业岂能容他有漫长的余暇涂来抹去，字斟句酌？

剧本完成以后，通常是由作者对聚集一堂的演员们宣读，看他们是否要买。由于莎士比亚已是买主群中杰出的一员，且是风靡当时的剧作家之一，交易里的这一部分或许就可以免了吧！一般的作家收了钱交了货，一切便算完了，对莎士比亚而言，则是问题的开始，他要设法把铅字转换到舞台上去，使它们富有生命。

对于《罗密欧与朱丽叶》首先要做的事情，是取得执照。剧本未经证明其中没有鼓动叛乱的情节前，不得在伦敦舞台上献演，以免带坏了易受影响的群众。女王并不在乎戏剧里不雅或亵渎神明的情节，这些要到下一任女王继统时才禁止在舞台上使用。皇室只是要确定最受欢迎的传播媒介之一的戏院，不会做贬抑政府或女王尊严的宣传就可放行。

负责发给执照的人是逖尼。本来飨宴官只检查在女王御前演出的剧本，可是他却渐渐扩展了控制权力，甚至要检查伦敦地区的所有戏剧。他那个职位可是个肥缺，像《罗》剧的稿本送到他在可乐肯威的办公所里，还得附上7先令的费用。

剧本一旦领了执照，便不得再行增润，但是演员为了适应通常两小时的演出

朱丽叶的阳台

需要，就自由删节。 一般而言，莎士比亚的剧本都很长，他不是个很简约的作家，对于自己的气势力量并不节俭使用，也不会为多出的几个字而斤斤计较。 他显然是凭着一股炽热而写，一旦纸笔在前，就再也中断不了，不会时时回顾，小心着剧本的长短。 他完成的许多剧作都需三个多小时方能演毕。 因此，到了冬天，便不能在下午短短的白天里结束演出。 正因为如此，莎士比亚的剧本在上演之前也必定要先行删节，而这个很可能在排练时由全体演员同意而完成。 莎士比亚剧团里的人都有多年的实际舞台经验，可以放心地和他们一起删减剧情而不出差错。同时这些删节也不致影响原作，因为莎士比亚足本的原作，可以在他的剧团授权给印刷厂时全部印出来。

在莎士比亚的原稿上，稿页边缘写有裁减的建议，稿末附有逖尼的签名。 这些散页以线连缀起来，再包上一层封皮，什么样的封皮都行，从草稿纸到过期的法律文件都成，只要经久耐磨就好。 等新戏登场之后，这本"书"便被小心翼翼地收藏起来，因为它是这个剧团有关这出戏的唯一正本，也是它正式领有执照的唯一证明。

领执照之后下一步的花费可能就要付给为扮演不同角色的演员抄写戏词的人了。 现在唯一存留的这种台词抄本是给艾德华·阿林用的，上头还有阿林改正的笔迹，不过与戏词的笔迹倒有几分相似。 一张平常的纸张纵分成 6 寸宽，然后贴在一起成为一长条，演员可以把它卷起或摊开。 上面有前面一段话的尾巴，左面的页缘上则有演出的指示。

《罗密欧与朱丽叶》的角色分配大概不需费事。 团里的演员们对彼此的工作十分熟稔，他们没有个人的野心，纯粹从整体的优异表现而着眼，自己便能相互商讨来决定角色的分派。 因为印刷商人的错误，有一页《罗》剧的演员表给保留下来了，上面写着威尔·甘普饰演彼得。 在该剧中最好的滑稽角色自然是保姆一角，而她的仆人彼得只有几句台词而已。 甘普是当时最著名的滑稽角儿，可是"大臣"剧团却没有明星制度，只让甘普

罗密欧与朱丽叶的生活地

饰演他们认为最适合他的角色。

　　伊丽莎白时代的人并不认为演员角色是定型的。 汤玛士·柏普是有名的丑角，可是一生当中他唯一固定演出的角色却是尊严的阿巴克塔斯；在同一出剧里演逗笑角色的反而是个名不见经传的人。 因此，我们不必以为作为演员莎士比亚演的都是高贵角色，而且当年他也没有今日的声名，他像团里所有人一样，扮演对整体演出最合适的角色。 灵巧而多变的演出是优秀的"固定戏目剧团"的根本，而"大臣"剧团正是这种剧团。

　　主要的角色分配妥当之后，次要的角色像市民、宾客什么的，可以由一人分饰两角来解决。 如果仍然不够，还可雇用临时演员，酬劳是一天一先令。

　　近代作家常为莎士比亚剧中没有合适的演员饰演女角而感到遗憾，更为朱丽叶要由一个童子来扮演而叫屈。 这样的想法是对当时的情形不了解，因为伊丽莎白时的童子教养方式和现在不同。 当时一般男人并不觉得写写诗、弹弹琵琶、穿丝着绸、佩挂珠宝、涂抹香水是娘娘腔。 莎士比亚的《如愿》里的罗莎琳在说到她将要成为"多变的，期盼而向往着的……满是眼泪又满是欢笑……就同男孩和女人一般"时，就是文艺复兴时的观点。 一直到清教徒兴起之后，人们才认为男人和女人的生活方式应该截然不同，而男孩的许多天性也就被压抑着，因为它们"不像男人"。 可是在莎士比亚时代，团里的童男却十分明了什么会惹年轻女子笑，什么又会让她们哭。

此外，这些男童子日日接受戏剧大师的调教，与像理查·柏璧基这么熠熠发亮的演员一同生活、一同工作，到该要他演女主角时，他已经耳濡目染，对演戏知之甚详了。 他受过训练，能唱能跳，并随时保持优美的体态。 最重要的是他知道如何使用声音以塑造并维持女子的形象。 莎士比亚写《罗》剧时，心中便记着这点，他用剧词来制造气氛，不让那两个演员做太多的肌肤接触。 著名的阳台那一幕，两个年轻人互相扯着嗓子示爱，彼此相互爱抚。 对近代剧作家而言，这是个不太高明的表达方式；现代剧作家宁愿让两个演员肌肤相亲来传达一见钟情的感受。

在布鲁克的诗里，两个小情人在舞会中静静地握着手，默默

罗密欧与朱丽叶的生活地

莎士比亚
Shashibiya

地坐着；莎士比亚则让他们说了一首十四行诗。 全剧自始至终，在表达爱情的场面里，他都必须依从言辞而非动作。 为了这些优美动人的文词，读者诸君实应深深感激童子演员们。

在舞会里，卡浦雷一声令下："来，乐师们，奏乐吧！"一群乐师们便奏起乐来，因为在剧团里派个会演奏乐器的演员去担任并非难事。 莎士比亚的同辈像柏普和卜莱安，他们在丹麦爱席诺的宫廷中演出时，部分的任务即是"带乐器出场"。 艾德华·阿林在叱咤剧坛十余年后，依然是个风格独具的"乐师"，而甘普也被列名为"器乐家"。 奥格斯汀·菲力浦斯去世时，还把乐器遗赠给爱徒。

在这时期，音乐是普通伦敦人生活中非常重要的一部分。即使像布莱德威尔那般的慈善学校，也教导音乐。 至于售卖格子纸让人抄写歌曲，则更是有价值又能赚钱的专利了。 莎士比亚在剧本里展示的音乐知识在当时十分平常，也因此可以看出他的观众们定然具备相同的音乐知识和热诚（事实上，除去《错中错》以外，莎士比亚所有剧本中都用到音乐，他的歌曲常以琵琶伴奏，略似今天的吉他）。

"大臣"剧团若同"上将"剧团一般，便应该拥有许多道具。 《罗密欧与朱丽叶》倒是不需什么道具，只要一些容易取用的就行，像保姆带上场的索梯、劳伦斯教士的篮子以及罗密欧用以转扭的铁棍等。 另外还要一张床给朱丽叶，以及卡浦雷家的墓穴。 "大臣"剧团在《泰塔斯·安钟尼珂斯》一剧里已经用过墓穴，不过观众们可不会喜欢两次都看到相同的墓穴，因此必须改装一番。 像汉斯洛的剧团，1598 年的道具表上就列有三座坟墓。

《罗密欧与朱丽叶》演出时，"大臣"剧团恐怕也没打算使用逼真的布景，因为各景变换频繁，真配上景物，反倒减缓了行动的进展。 再说，对于训练有素的观众也无需这样。 罗密欧和朋友们与持火炬的人一起进场时，观众便晓得这是街上，他正要去参加卡浦雷家的舞会。 等这群演员离开，另一批演员手臂托着餐巾上场，观众们立刻便知晓场景改变了：卡浦雷家正在准备开舞会。

菲力浦·席德尼曾经取笑这样的舞台技巧实在低估了观众具有创意的想象力。莎士比亚却从来都不曾低估过它，他明白观众的想象能够更快、更有效地建起卡浦雷的屋宇。当他想让站在下午的阳光中的观众觉得，光光的戏台上的一对恋人其实是在晚上的果园里时，他便转而借助诗歌的魔法和力量，而他那受过最精良训练的听众，一边听着罗密欧的声音，一边也看到了果树顶端月儿的银辉。

《罗密欧与朱丽叶》

"大臣"剧团都没有什么不平常的大花费，可是上演新戏时，置戏装却是免不了的。演员们穿的是当时舞台上的时装，自然不会是游街的衣服，因为那样不能产生传奇的气氛。华丽的戏服会给人遥远、辉煌的感觉（现在的舞台表演常借助灯光来达成这种效果），因而戏服在任何剧团里都是一笔大开销。

"大臣"剧团当然不会每演一场就购置全套的新戏装。他们手边一定有大批行头，稍稍用点心思，便可使旧戏服焕然一新，尤其是舞会里扮活动布景的龙套，更可以用这种方式来打发。旧戏服一用再用，直到再也不可用为止。但是在主角身上就不能这样俭省了，更何况罗密欧和朱丽叶都是贵族人家哩，穿戴岂能不符合身份呢？

菲力浦·汉斯洛有两个裁缝师傅，另外还雇用了几个人帮忙缝缀，置装的费用非常庞大。有一出戏里他在两个女主角身上花了9镑的丝绸，一个临时演员要30个星期才赚得到这么多。便宜的料子像粗棉布固然可用以撑挺戏服，但观众是瞧得见的，还得使用丝绒、缎子和丝绸，它们的颜色必须鲜艳抢眼，同时还有着撩人遐思的名字，像什么豌豆黄、啄鸟蓝，甚至还有鹅粪绿哩！

至于缝制戏服的师傅，似乎认定了让演员觉得越麻烦、越不舒服、花费越大越好。伊丽莎白时期剪裁的基本概念是平顺不断的裁剪，用鲸须或是粗棉布衬垫使衣服拱起，好像与穿的人无关似的。不论男女都拼着老命束成极窄的纤腰，垫出个大大的屁股和宽阔的肩膀，许多男人甚至穿上紧身袖，以达到理想的效果。有的甚至于袖子也用鲸须来撑挺，紧身衣则坚挺到穿者几乎弯不了身。裁缝师傅大量使用棉花、马尾、谷壳或是破布来为顾客们缝制成当时流行的凸胀款式。至于如何把这样僵硬的衣服与决斗场面中的激烈动作配合在一起，那就是演员自己的问题了。

所有的衣服都是经过烦琐的缚系束接才能穿上身，因而要想迅速换装，并非易事。像长筒袜连在紧身衣上，斗篷要用暗索在腋下绑着才能披在肩上等等。女人的戏服由于需要大量的大头针，更是繁复至极，她们衣服的各部分可以分开，以便运用不同的色彩组合，就连大头针也还有"大裙针"、"中裙针"等的分别。

围着颈际的襞褶也是一大问题。稍有一点社会地位的人，个个都在脖子上穿上那么一圈。在莎士比亚剧本里，甚至连娼妇也照穿不误。这样的襞褶制作起来很麻烦，要把它浆得硬挺，再用热的凝结棒打上深褶，大些的褶子还需要在颈际绑上纸板和金属丝作为支撑。

伊丽莎白时期的衣服除了穿着很不方便以外，还经不得天气的变化，遇着大雨突降就是"世界末日"了，襞褶里的硬浆溶去，就只余下一圈废物黏在演员的颈脖上。再加上印染的技术还不到家，鲜艳夺目的色彩并不稳定，大雨一淋，真个是惨不忍睹。

不过，不论戏服的制作如何麻烦，一到演出的时候，罗密

欧、台伯特、梅丘帝欧的服装自
然就会制作妥当，穿起来既帅又
尽可以在决斗中拼个你死我活。
从戏服的眼光来看，《罗》剧还有
个优点，那就是不需要盔甲的战
争场面，因为盔甲既贵，穿、脱也
极费事。

芭蕾舞剧《罗密欧与朱丽叶》

为了确定道具皆已准备完
毕，而演员们也熟记着进场的暗
示，在后台显眼处挂有一个大纸
板，上面载明了有关的各个事
项。至于机关装置的安排使用，
时间也必须仔细算定配合。

有些剧团以罚款的方式来严格控制排练的情形。演员排演
如果迟到罚 12 便士；倘是缺席，则罚 2 先令。正式上演时，在
特定的时间内未能穿戴停当，罚 3 先令；若是喝得烂醉，则罚 10
先令；假使非因"生病的正当原因"而完全缺席，则罚 20
先令。

剧团里的人们通力合作，一切逐渐完成，各演员脑海中的角
色也逐渐成形。《罗密欧与朱丽叶》的演员们不仅演出的经验
丰富，晓得怎样才能做有效的集体表演，更有幸与角色的原创者
共事，能够得到对角色的内涵的指点。就这样，这出戏渐渐有
了生命，每个人的付出也越来越大。

最后的花费便是做广告了。广告印在单页纸上，叫做"戏
单"，在城里各处可能都会张贴，以招徕观众。这种广告花费
也很可观，却是一点也省不得。这笔钱都要送进詹姆士·鲁罗
伯茨的裤袋里去，因为他有权"独家印制演员们各式各样的戏
单"。伊丽莎白时期的各行各业多是垄断性的买卖。

通常一出戏需要印制多少戏单，现在已无从知晓，只知一名
剑客举办私下的比斗，订制了百份以上的传单作为宣传。这时

莎士比亚
Shashibiya

期的戏单目前仅存有一张，恐怕也难以作为代表，因为后来并未演出。不过，假使这张《英国之欢》的戏单显示的是正常的程序，当时的习惯便是将每个重要的剧情都以华丽的言辞详加叙述。

《罗密欧与朱丽叶》剧照

一出新戏总会吸引大批观众，因此不必选在节假日的黄金档来上演。像《罗密欧与朱丽叶》可能会在礼拜三或礼拜四推出。剧团花 30 先令左右制个丝旗，悬在角楼上，表示戏剧已开演。剧场里卖饮料、水果的都做了大量准备，收费人员也都各就各位，号手则等着说开场白的人暗示下来，全戏就正式上场了。

伊丽莎白时期的戏剧演出并不作兴让观众出其不意，它让观众知道其所期待的。假使进入戏院时尚不知道《罗密欧与朱丽叶》究竟是何故事，说开场白的人自会让你满意。他单刀直入地明说，这一出戏是关于两个不幸的恋人，最后以死殉情，因为双方家庭有世仇。接着扮演卡浦雷家里的两个小角色持剑带盾上场，全戏于是就开始了。演出倘博喝彩，便纳入剧团固定戏目之中，也许在下周一某个时间里再上演。如果失败，从此便被遗忘，别的新戏立刻又开始排演。

《罗密欧与朱丽叶》很快大获成功，人人都喜欢它，年轻人更是喜欢极了，因为它化他们的幻梦于诗，然后再还给他们。16 世纪 90 年代末期有个讽刺家，讥嘲伦敦各式各样的年轻《罗》剧狂，说他们所谈的"无有他物，只有朱丽叶和罗密欧"。这些青年们在自己的佳言集录里记下了剧中的许多诗句。罗伯特·阿洛特在 1600 年出版了诗文选——《英国诗文集》，其中收录《罗》剧的诗句之多，远超过引录自莎士比亚其他剧本里的诗。

《罗》剧的痴狂观众实在太多了，因此，1594 年印制《泰塔斯·安钟尼珂斯》剧本与歌谣的约翰·丹特于 1597 年又发行了《罗密欧与朱丽叶》的剧本和歌谣。在书名页上丹特特别指出，该剧迷住了许多人，获得"大大的赞赏"。看过的伦敦人还想再看，未看过的人更是急于一睹该剧，而丹特的版本也畅销一时。

但是，丹特版的《罗》剧实在不理想，它的讹误甚多。由于《罗》剧正本并未印行，丹特便只好东拼西凑一番，这种情形在当时是很普遍的。丹特版制作人员既无莎士比亚的功力，又无听剧词的好耳朵，有些地方真是贻笑大方。譬如，卡浦雷要些干燥的木头，却说："喊彼得来，他会带你去。"由于饰演彼得的是威尔·甘普，丹特的"海盗版"凭着对威尔依稀的记忆，竟写下一句让所有演员都会疯掉的话："威尔会告诉你到哪里去拿。"

《罗密欧与朱丽叶》剧照

此外，它对于舞台效果的破坏也很有一手。阳台那一幕中，当朱丽叶轻声呼唤罗密欧回来时，保姆一直在喊"小姐"。

海盗版居然让罗密欧也回答"小姐"，使人觉得他是在对保姆学舌。全剧不但错误百出，而且印刷质量很差，同一本书中竟出现两种不同字体。

莎士比亚不是遭受这种虐待的唯一作家。乔治·柴普曼一出甚为流行的戏——《亚力山大盲丐》，就被海盗版砍得体无完肤，而"上将"剧团仍然不觉得应该发行正本，以正视听。"大臣"剧团则不然，它在丹特的错误版本出现两年之后，另出了一本新的"加大而修订过的"版本。

《罗密欧与朱丽叶》的成功在于精巧的舞台技术和优美明晰的台词，然而全剧最大的功力却在角色的描摹刻画之上。在英国舞台上，还不曾出现过像莎士比亚这样才气纵横的人，能够塑造出栩栩如生的人物。他在早期的剧本中已偶尔显示出这种迹象，但到加入"大臣"剧团后，才开始在舞台上塑造一系列逼真的人物。这不只令当时的人惊叹赞赏，至今也令人叹为观止。这种刻画角色的气势力量自然原已蛰伏在他体内，但是若无有利条件，则永远也开不出花朵。饰演《罗密欧与朱丽叶》的演员假使辜负了他的期望，他还会有心再继续写《哈姆雷特》和《李尔王》吗？

好戏连篇的剧作家

莎士比亚获得团里人员的关切、支持不止于《罗》剧。不论哪一剧，他都得到了剧作家所最需要的：团员们灵巧和谐的演出，以及发挥他塑造角色的才气所需的空间。即使在吃力不讨好的历史剧里，莎士比亚也能在战争和号角声中塑造出活灵活现的人物。

莎士比亚为"大臣"剧团首次编写的历史剧可能是《约翰

王》。 《约》剧亦是老戏新写,剧情几乎与旧剧完全相同,然而他却只用了原剧中的一句台词,因为他并不只是重写旧戏,他要做彻头彻尾的改换。 原剧中没有角色描绘,莎士比亚却仍然觑个机会,塑造了梅丘帝欧的前身——那饶舌而爽朗的傅康伯利基家的私生子。

亨利六世

在另外一出历史剧里,莎士比亚则根据贺林虚德的《编年史》来结束蔷薇战争,而在《亨利六世》的上、中、下三出连续的剧中也记载了这个战争的情形。 莎士比亚通常并不采用马罗的方式,绕着一个大坏蛋来营构全剧,但《理查三世》中“约克的理查”却是个恶透了的大坏蛋,他身体残废、计谋狠毒。 理查·柏璧基演活了这个角色,在最后理查败亡那场戏里,当他喊着:“一匹马! 一匹马! 我的王国换一匹马哟!”他一定过瘾极了,由于他表现得太好了,这句话竟成了戏台上的常语,为许多人所仿效。

在《理查二世》里,莎士比亚对于这位自导自演、成日沉浸在白日梦中的君王的脾性特别感兴趣。 他笔下的理查二世甚至能以审美的快乐眼光来看自己的覆亡,而他的悲剧也不能完全算是悲剧,因为这个国王无心处理各种事务,只是整日沉浸在自己对各事各物的感受中。

理查二世毁于注重实际的堂弟之手,这个亲戚后来成了亨利四世。 在《亨利四世》里,莎士比亚以篡位的方式来处理这个问题。 莎士比亚的各历史剧彼此紧密交织,因此大多一气连贯。 《理查二世》剧终时,新王亨利表示与儿子有麻烦,海尔王子老爱跟着一班“狂放不羁的伙伴们”到处走动。 等莎士比

亚着手写新戏时，他就把精神都放在海尔同他的弟兄身上了。

海尔王子那帮恶名昭彰的追随者的领头是约翰·旧堡爵士。莎士比亚在伦敦有很多机会可以观察老战士们，对于军队里的贪污敛财知之甚详，也对这批"老怪物"们的欺诈、求乞十分了解。他把这些与意大利传统的骄狂自大的军人形象合并，一部旷世喜剧杰作遂从原无多大写头的题材里迸跃而出。

《理查二世》

"大臣"剧团在扮演《亨利四世》第一部时，约翰·旧堡爵士才刚出现在舞台上，观众之间便爆发了一阵此生难再的狂欢，他们立即便把这个丢人的老绅士形象收入心底。其实，把这样的恶名加在可敬的"旧堡"姓氏之上并不公允，在现实生活中，约翰爵士是个著名的武士。莎士比亚好意地将亨利·旧堡改成了约翰·法史达夫，且在该剧第二部中继续使用此名，但却与另一高贵姓氏发音近似而遭人非议。要使人人都满意，看来是不可能的。

虽然莎士比亚把姓氏从头到尾都改换了，但16世纪末仍然有很多人管该剧叫《约翰·旧堡爵士》。"上将"剧团因此抓住机会，演出一部真正根据史实来描写约翰爵士的剧。他们宣称，他们的戏是有关一个品德高尚的贵族的，他们甚至在结束开场白时，强烈地暗示"大臣"剧团背叛了史实。

这时，莎士比亚一直在写喜剧，他的技巧日趋上乘，最终能臻于化境。他替"大臣"剧团写的首出浪漫喜剧可能是《维洛那二绅士》，其中他用心探讨爱与友情的主题，在某些方面有着《空爱一场》里的虚矫。《维》剧剧情颇为复杂，他让女孩穿上男装去做她爱人的书童，后来在《第十二夜》中，他又使用了

这一招，造就了欢笑连绵的一幕。 他又设计了一群遭受流放的贵族，在森林里安身度日，成为后来《如愿》中这帮人的雏形。 《维》剧中有好些布局，其后均在《罗密欧与朱丽叶》中重现，如教士、索梯、遭受贬逐等。 莎士比亚喜欢采用旧题材，甚至连自己用过的都不放过。 他善用旧剧、旧书为题材，且改进的技巧已达到相当高超的境界。

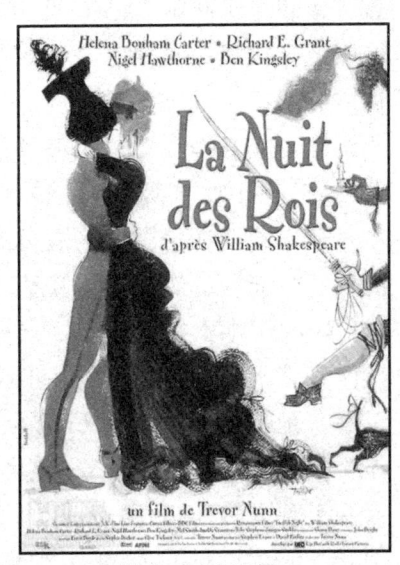

《第十二夜》海报

莎士比亚对于创新一向无多大兴趣，反而将过时的中世纪的"丑角"一用再用。 像马罗、班·江生这些人都很不愿意为了迎合大众口味而在仔细编写的剧本里插挤上丑角。 伦敦观众数世纪以来已经熟悉了剧中的丑角，莎士比亚认为何必剥夺这久为大家所熟悉的乐趣呢？ 在《维洛那二绅士》里，虽然不必有小丑，他还是加进了小丑，以博观众一笑。 他继续使用丑角，毫不觉得自己优于当时一般的舞台技巧，然后在使用中将其改头换面。

莎士比亚这时另外还写了一部浪漫喜剧《威尼斯商人》，再度以想象之城作为故事的发生地，因此威尼斯和维洛那一样地不真实。 更与实际不符的是剧中人讨论高利贷的方式，事实上放高利贷的情形在伦敦和在威尼斯一样普遍。 伊丽莎白登基之初虽曾敕令放高利贷是罪行，但也规定一分的利息为合法。 莎士比亚的观众中有半数的人就在以高利放款或贷款，他们很明白《威尼斯商人》只是民俗剧，与当前经济状况无关。 白白放款予人才是傻子呢！

莎士比亚对夏洛克一角的描述也不能当真。 这只是民间的

看法，莎士比亚本人从无机会见到真正的犹太人。 中世纪时他们已经全被逐出英国，法律严禁他们再在英国出现。 也许夏洛克之罪不在于他的种族出身，而在于他的宗教信仰。 当夏的女儿说到"我将因我丈夫而获救，他已经把我变成了基督徒"时，在观众的眼中，她是可以被接受的。

莎士比亚在伦敦可能遇见的"犹太人"，皆是希伯莱族已受洗为基督徒者，然而其中应无夏洛克式的人。 莎士比亚的"取样"应源于中世纪基督徒的传统思想。 这种思想根深蒂固，连大作家亦不能免俗。 如乔塞描述的一个"该死的犹太人"，是以杀害基督徒小男孩为日常行径之一；马罗的《马尔他的犹太人》里，巴拉巴斯企图毒毙整城的基督徒，结果被丢进热锅中，大快了观众的心。 虽然莎士比亚描述的是民间的形象，却不妨碍观众看到真实的人。 当观众希望一个单纯、逗趣的坏蛋时，莎士比亚就给了他们夏洛克。 "我是个犹太人，难道犹太人就没有眼睛？ 难道犹太人就没有手、器官、身体、感觉、感情、热情？ 如果你戳我们，难道我们就不流血？"

《威尼斯商人》中有各式各样的素材，并非依据单一的素材而处理，否则在现代观众眼中就会显得单调。 在《仲夏夜之梦》这出戏里，他的手法纯熟，应用了一个在《空爱一场》中用过的布局，让戏迷们重新欣赏似曾相识的剧情。 神仙们皆由孩童扮演，他们所受的严格舞蹈训练颇有助益。 莎士比亚在无意间为未来的读者完全改变了神仙的形象。 在以往，他们是满怀恶意，住在泥土中的乡村小人儿，而莎士比亚却让他们居住在花丛之中。

1598 年 9 月，有个叫做法兰西斯·米尔斯的牛津毕业生，出版了一本书——《巴拉帝斯塔米亚》。 在书中，他提到以上那些剧本都写成于莎士比亚加入"大臣"剧团的前四年里，写作的时间在 1589 年 9 月之前。 米尔斯还说莎士比亚"在他私人朋友间"传布着自己的"甘醇的十四行诗"。 米尔斯并且列出了一长串莎士比亚的剧作——

"譬如蒲劳斯塔斯与塞尼加被认为是最好的拉丁喜、悲剧作家，无疑莎士比亚在这两方面都是最优秀的；喜剧方面，他有《维洛那二绅士》、《错中错》、《空爱一场》、《爱的胜利》、《仲夏夜之梦》、《威尼斯商人》；悲剧方面，他有《理查二世》、《理查三世》、《亨利四世》、《约翰王》、《泰塔斯·安钟尼珂斯》和《罗密欧与朱丽叶》。"

　　《爱的胜利》恐怕就是《驯悍记》，米尔斯只漏列了《亨利六世》的三部连续剧。

《仲夏夜之梦》

　　作品能够这样明列出来，在伊丽莎白时代的剧作家里，莎士比亚是独一无二的。 米尔斯还列有许多其他的剧作家，如葛林、吉德等是通俗作家，贵族则有巴克赫斯特爵士和牛津伯爵等人，他还加上了新人班·江生。 然而，米尔斯独独挑选了莎士比亚来大加赞赏："缪斯女神若说英文，也会以莎士比亚精雕细琢的言辞来说话。"足见其对莎士比亚赞佩之深。

莎士比亚
Shashibiya

成为名流贵族

　　习气那个怪物，虽然是魔鬼，会吞掉一切的羞耻心，也会做天使，把日积月累的美德善行熏陶成自然而然而令人安之若素的家常便饭。

——莎士比亚

晋身名门贵族

莎士比亚在伦敦的 18 年里，在史特拉福的莎家，为了土地问题，两度与人艰苦争讼。打官司也是伊丽莎白子民们的日常事儿，少有哪家是没上过法院的。莎士比亚的父亲老莎士比亚一生当中打过的几次官司多半是与债务有关，有赢也有输。但是有关他妻子在韦木柯特继承的土地，却发生了令人分外难过而又艰辛的诉讼事件。

老莎士比亚突然离开议会之后急需钱用，便向妻子的姻亲艾德蒙·蓝伯特借了 40 镑钱，以玛丽·莎士比亚的一些土地做抵押。与大片土地相比较，40 镑实在微不足道，但既然是与亲戚往来，老莎觉得应是安全无虑才对。

这笔款子言明在 1580 年归还。这年莎家境遇不好，但老莎仍然准备了 40 镑现钱，跋涉了 15 里到南边蓝伯特住的村庄里去还钱。蓝伯特不肯把钱收下，说老莎欠的钱不止此数，7 年之后蓝伯特去世时，手上还握有这片土地的契约。

蓝伯特死亡那年，老莎的运气又不济。他的兄弟亨利欠人 10 镑无法清偿，人家一状告到他头上来，要他代偿；另外他帮人作保，又因被保人言而无信，平白损失了 10 镑。虽是这样，老莎领着妻子和儿子威廉，仍于 1588 年在华维克的高等法院递送了一份诉状，控告蓝伯特之子及继承人。次年开庭审理，结果莎家败诉，因为伊丽莎白时代的质押法刚硬而无转寰的余地。

莎士比亚在房屋契约书上的签名和印信

老莎不肯认输，8 年之后他再度控告蓝家。 结果如何不得而知，然而却无证据显示他夺回了土地。

第一次土地官司败诉 5 年后，老莎又丧失了另一项财产。1594 年 9 月，史特拉福发生大火，抢救不及，延烧远至汉里街。莎家自住的两间房屋幸未波及，但第三栋则在火灾中被毁。

这栋房屋损毁之后两年，莎家又发生了更令老莎心碎的不幸。 他的小孙子汉尼特是家中唯一的男孩，也是莎家唯一的子嗣，于 1596 年 8 月夭亡，只有 11 岁。 还活着的两个孙女，一个是汉尼特的双胞胎妹妹茱蒂丝，另一个则是 13 岁的苏珊娜。

汉尼特于 8 月 11 日下葬在史城，这时他父亲的剧团正在肯特一个镇上公演，距伦敦四五十里。 假如这孩子卧病已久，也

莎士比亚故居

许还有什么法子给他父亲捎个信儿，让他及时赶回来参加丧礼。不过，演员们一旦出了城去做巡回表演，要想送信给他们，只有先赶到他们的预定地等着拦截。 然而，即使送信者清楚剧团的路线，也未必就能送达。 像汉斯洛对他女婿的行业可是了如指掌的，但是阿林去做巡回演出时，他还写信说："我们本来可以写得勤些，但是我们不知道往哪里捎给你。"有关汉尼特的信息除非在 1596 年莎士比亚离开伦敦去巡回公演以前送到，否则就要一直等到他返回伦敦才能收到了。

自那以后，老莎生活里就未再有不幸发生过。 在他生命中余下的 5 年里，他不仅过得平静无波，而且他那从事为人鄙视的戏剧业的长子也越来越富有、越来越受人尊敬。 他与日俱增的光芒甚至映照到了史城莎家的门楣上。

首次表面上的改变起于 1596 年，也就是汉尼特发生不幸的那年。 10 月 20 日，伦敦的纹章部又为约翰·莎士比亚绘制了新的纹徽，老莎于是正式成为贵族。 可以确定的是，这档子事是出于小莎的安排。 老莎所接受的纹徽其实是 20 年前所设计的，美观而简单：一面金盾，上有黑色条纹横过，盾上有银尖的

金矛；至于纹章上端的饰章，则有展翅银鹰栖于银色花环之上，并擎着长矛。 从此，老莎及其后代就可以把这个纹徽刻在"戒指、图章、大厦、器皿、衣服、墓碑及纪念碑上"作为炫耀了。

约翰·莎士比亚过世后，他的儿子威廉·莎士比亚继承他的身份，成为绅士。 这时，对于莎家人是否适合颁予纹徽，在纹章部起了争执。 纹章的颁发本身并无不妥，只是部里的官员们彼此不合，有个罗夫·布鲁克便借题发挥，列出错误表攻击颁发纹徽给莎家的两位官员。 关于莎家的事，他认为"演员莎士比亚"不配得纹徽，而且莎家纹徽也与摩里爵士的纹徽太近似。

那两个官员对布鲁克提出意见而答辩的手稿至今仍然存在，上面并列了莎、摩两家的纹徽，他们表示两者大异其趣。 同时，他们认定颁赐纹徽予约翰·莎士比亚并无不当，因为"其人曾任爱汶河畔史特拉福之执法官、治安法官，并娶妻阿登家族后裔，兼又颇富资产"。

为莎家辩护的两个高级官员之一是纹章部长威廉·康登。康登在文学界、史学界颇负盛名，他写的《大英帝国》一书在英国得到的评价甚高，由于他常以拉丁文著述，因此在欧洲大陆的声名更高于国内。 正因为他是知名的作家与历史学家，所以虽然从无在纹章部工作的经验，却能跃登部长高职。 康登非常赞慕莎士比亚的文采，他曾列举当代诗人，始于席德尼和史宾赛，止于威廉·莎士比亚。 康登是当时既认识史城的莎家、又与伦敦这头的小莎相识的少数人之一。

获得纹徽后不到一年，史城的莎家又朝显赫之途迈了一大步——1597 年 5 月 4 日，威廉·莎士比亚买下了城里第二大的一栋房子。

新宅虽然只是一栋房子而已，但它是史城崇高地位的象征，坐落在市政教堂对面。 原先的屋主——休·柯罗普登爵士一度是伦敦市长。 他建这幢"我的大屋"是为退休养老之用的。 他在教堂里还拥有专门的"柯家坐席"。

1543 年柯罗普登归天之后，"新宅"尚被描述成是"一所漂

1932 年重建的莎士比亚剧场，坐落于爱汶河畔的史特拉福

亮的砌砖和木头房子"。 在史城，砖块并非常用的建材，此时的薄砖似乎并不能耐久。 到了莎士比亚童年时期，"新宅"已是年久失修了，也许就是这个原因，莎士比亚才得以 60 英镑的低价买下，尤其在史城经过两场大火后，好房子已经没有几栋。莎士比亚一定大加整修了一番，掘起的地基碎石还卖了一车子给每年负责修补石桥的公司。

新宅有一座古花园、一座果园和两个谷仓。 它的主人在当地无疑是拥有着崇高地位的。 莎家人经过这么长的时间之后，终于赶上了遥遥领先的昆尼一家。

说来还真是风水轮流转哩！ 1598 年，理查·昆尼在伦敦时，居然还想向威廉·莎士比亚借钱呢。 昆尼去伦敦是为了史城的公务，由于城里经济不景气，又连续发生了两次火灾，想请求免去史城的税收。 10 月 25 日，在他赶往法院之前，他在卡特路的"钟"旅馆里写信，希望他"敬爱的好友和同胞威廉·莎士

莎士比亚
Shashibiya

比亚"能借他 30 镑钱，并表示愿意提供极佳的抵押品。

昆尼究竟要钱做什么，无法确知。他告诉莎士比亚是要偿还"我在伦敦负的债"。可是他父亲老阿德利安却写信给他说，附近伊夫山镇上，针织长筒袜的买卖很好，若是借得了钱，不妨投资 20 镑于长筒袜，必能捞一笔。或许昆尼借钱部分是用以还债，部分则用以投资吧。

约于 1598 年，威廉·莎士比亚已经成为史特拉福主要屋主之一。但是他不像理查·昆尼，他从未对城里的福利感兴趣，也不在意史城公务是怎样处理的。城里在他名下的记录几乎全是空白。莎士比亚在史城的主要活动除去不动产购买的不断增加外，便是因债务问题与镇民对簿公堂。

这位伦敦演员在自己家乡似乎严肃而拘谨，不像与伦敦的团员那样，与他们维持着平易、闲适的关系。他对营建莎家财富深感兴趣，却对自己身为镇民的职责和史城的命运不太感兴趣——虽然他在该地的朋友不少，如汉尼特·沙得乐，而且也喜爱自己出生的史城和附近的乡野。

在史城，莎士比亚名下寥寥可数的记录之一，是 1598 年 2 月全英国所做的调查，要看看有多少大麦是掌握在私人手中的。史城每一个大屋主都上了报告，包括"新宅"的主人在内。

由于连续几年英国都发生令人惊慌的歉收情形，枢密院便严密监视着各地小麦、大麦的价格，以防人们乘机获取暴利。枢密院下令调查各地谷仓，强迫囤积居奇者以平价售予大众。

史特拉福的问题是，平常来自乌斯特与格洛斯特邻近两郡的谷物现在却流到别处价码高的地方去了。枢密院因此严令两郡详查，连同调查史城是否有人非法囤积。

调查结果显示，家家都是非法囤积。威廉·莎士比亚非法多囤了 80 蒲式尔（量词，合 8 加仑，约我国 3 斗余）的麦芽；莎家受人尊敬的邻居——一位校长，多囤了 80 蒲式尔；还有一位有头有脸的邻居更多囤了 130 蒲式尔。有好些家人口比莎家少的，囤得都比莎家多。

16 世纪 90 年代，经济不景气，连年苦雨和歉收并非主因。自从英国歼灭了西班牙无敌舰队之后，英国为与西班牙交战，民间税赋便愈来愈重，天然资源也榨攫殆尽。欧洲许多市场因战争而关闭。

另外海盗猖狂，运费增高，货物价格根本无法稳定。再加上与德国进行经济战，爱尔兰叛局又告急，物价不断攀升，工资与租金却远远落后。后来粮食也告短缺，16 世纪末就更是一片愁云惨雾了。枢密院所能做的也仅是建议伦敦人少吃几口饭罢了。

剧团巡回演出

依赖顾客们无拘无束的花费而存在的伦敦各剧团，自然受到经济不景气的影响。1596 年 7 月，71 岁的亨利·汉斯登爵士过世，更使剧团遭受重击。政务大臣的遗缺由柯伯汉爵士继任，他是讨厌戏剧的人。因此，伦敦市长立即抓住机会对演员们施加压力；汤玛士·纳许很快发现，新剧本在伦敦没有市场了。

不过，莎士比亚的剧团于是年仍然在女王御前献演了 6 出戏。到了 3 月，政务大臣之职于 4 月回到了汉斯登家的乔治之手，剧团的前途又稍见曙光。《罗密欧与朱丽叶》便于此期间上演。

新政务大臣尽管同情演员，但伦敦市长仍不放弃拯救该市免于罪恶的沉沦。他与市府参事在 1597 年 7 月 28 日合写了一封长信给枢密院，列举演员所带来的各种大灾难，说那些戏剧是"使青年堕落的一个特别的因素，内容无他，只有不洁之事、淫乱之情节……与邪暴之演出"。从清教徒的眼光来看，《罗密

莎士比亚
Shashibiya

欧与朱丽叶》倒是很符合这个描述呢。 此外，观众当中三教九流俱备，窃贼、娼妓、贩子、卖国分子浑为一坛。 剧院甚至拉走了上教堂的人，还有应该工作的学徒与仆役。

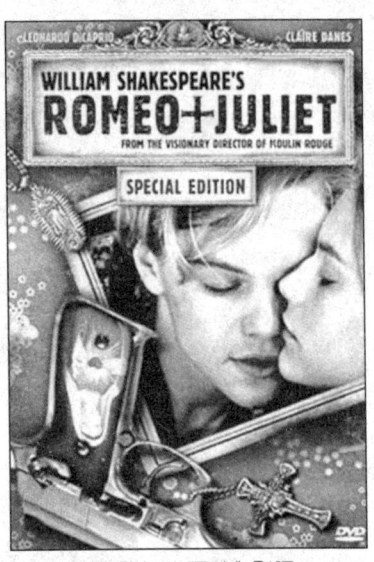

《罗密欧与朱丽叶》剧照

这封措辞强悍的信件究竟是否对枢密院发生了影响不得而知。 就在这封信送出去的当天，枢密院便发布了一道政府命令，命伦敦城内所有戏剧停演，所有戏院夷平。

枢密院关心的倒不是《罗密欧与朱丽叶》会败坏青年人的心志或影响诚正的营业，而是担心戏院可能会散布叛国的思想。 有人密报，新成立的潘布罗克剧团在天鹅戏院上演的一出戏内有"非常叛逆与毁谤之情事"，因而有三名演员被即刻下于马雪西狱中。 虽然这出名为《犬岛》的戏剧的作者汤玛士·纳许早已脚底抹油，但他的寓所却遭大肆搜检，期望能发现更多可疑的作品。

纳许一度出没在马罗和葛林四周，是那群老派、易冲动而文采幻发的大学人士中仅存的一个。 他仍然像大学毕业生般调皮捣蛋，喜好挖苦嘲讽。 纳许说，他只写了《犬岛》的序言和第一幕，余皆出于潘布罗克剧团一位二十余岁的演员班杰明·江生之手。 江生方才参战回来，情绪不稳，急于"演优则写"。 江生自马雪西的监狱被释放后继续写剧本，其中许多拔尖的好戏是为"大臣"剧团所写的。 不久后，他的名字被人拼成了"班·江生"。

枢密院的重令雷声大雨点小，伦敦并无哪家戏院给夷平，倒是戏剧演出真的中止了一段时间。 各家剧院无奈关闭，但不久所有的剧团又纷纷上路。

巡回演出不像在伦敦的大戏院里那样舒服而收益多，演出的场所也仅限于当地官厅里或客栈的空地上。"大臣"剧团先后到好些地方表演。1597年8月，它在黑麦城演出。当地沿海峭崖上长着一种肥厚多肉的植物，叫桑怀尔。秋天来时，人们采了桑怀尔加以腌渍，然后在伦敦街上售卖，作为配肉的青菜。莎士比亚在《李尔王》中对采收的情形便曾描述过。黑麦城临海，环城有墙，是个古城，一度是个良好的港口，可惜受到背后沼泽的侵蚀，而港口作用渐失。

"大臣"剧团另外还去了一个因一桩谋杀案而闻名的地方——菲微桑。菲城正蓬勃发展，以产牡蛎著称，它的市场里也有一口钟，很像史特拉福的情形。

年头要是对，走过了英国东南部，"大臣"剧团应该转头回伦敦去了。但是在枢密院和市长的严密监视下，伦敦剧院依然紧闭，"大臣"剧团只有继续西行，前往伯利斯多和巴斯两地，那儿有英国最好的戏剧观众，途中还经过了"不给演员执照"的马孛罗镇。

巴斯的情形却非常不同，各剧团在这里都受到欢迎。这个古城平均每年都要演15至20出戏。1597年在该城演出的剧团除"大臣"剧团外，还有4个其他的剧团。巴斯是个时髦城市，许多贵族大家在此都置有产业，不在那里住时便租给别人。"大臣"剧团的恩主乔治·汉斯登便"拥有……当地最尊贵的屋宇"，并深信当地的水特具疗效。女王只相信审慎的饮食和充足的运动，曾写信给汉斯登说："我忍不住要怀疑……你没被那大桶大桶往你身上倒的水淹死才怪。"

9月，"大臣"剧团在伯利斯多表演，这是爱汶河畔的另一座城市，在巴斯西北的一座小山上，也是英国要城之一。伯城在好些方面都像是小型的伦敦。该地居民的文化水准必然特高，因为全英国第一座免费公共图书馆便在此建立。市政厅里常有巡游的剧团公演。1597年9月，"大臣"剧团在市政厅演出，演员们还获得了30先令的酬劳。

"大臣"剧团秋天抵达伯城时，该地景况并不很好，经济不景气和歉收影响甚大。市长甚至下令所有市民必须"尽自己收入可能尽量收容穷人，以免发生暴乱"。

　　10月来临时，"大臣"剧团的人大约已经返回115里外的伦敦了。8号，班·江生自马雪西开释，菲力浦·汉斯洛的玫瑰戏院也在11号重开，只有"天鹅"仍然关闭，但这个冬季大概又渐渐恢复正常了。

　　然而，所有的行业都感觉到，伦敦改变了，往昔的好日子已经不再。首先在心理方面发生了改变，而抱着世纪末幻想破灭心情的是作家们。16世纪90年代末期，这些绝望的时髦青年开始背弃上一代，认为自己对于所存在的世界有崭新的发现。对于文艺复兴时的一大特点——喜爱行动，他们另有意见，坚信世界是罪恶的渊薮，坐下来指出它的邪罪才是唯一值得做的事。对于文艺复兴的另一大特色——喜爱美好，他们则代之以对性爱的恐惧与探究畸形性爱的兴趣。至于文艺复兴时的活力，他们则以灵活的思想取代。

　　青年作家们开始一窝蜂地指述"沉沦于罪恶中的世界"里的各种罪恶。这种讥讽的风潮于1599年达于巅峰，使得惠特基福特主教不得不下令禁止出版，其中一些作品多遭到焚毁的命运。在众青年里，对这种新式的讥嘲写作特别感兴趣的是班·江生，就是那个因写《犬岛》而入狱的演员。

　　在史宾赛与马罗光芒万丈的时节，江生还只是十余岁的孩子，等他开始写作，那浪漫派的作风几乎成为过去，而且他也没有半点那方面的兴趣。虽然1597年他曾受雇于汉斯洛，为他写些传统的旧式剧本，但是当他出版自己全部的剧作时，为汉所写的剧本却一部也没收进去。第一部他愿意称为自己的著作的是1598年他为"大臣"剧团以新方式所写的讽刺喜剧《各有癖性》，由于伦敦的文学气氛已经改变，所以立时大获成功。

　　江生这出戏是严谨的罗马喜剧，以古典的手法写成。他严守三一律，甚至谨遵旧日古典喜剧之精神——鞭惩邪恶，并无意展示真实的人们，只是简化了典型角色。 这正合江生的天性，他喜欢抽象、喜欢精简，他只对人们特异处有兴趣，却没有莎士比亚的才华，能够见到完全的人类。

由于"大臣"剧团上演《各有癖性》，使得江生能与莎士比亚密切接触。 莎士比亚和柏璧基、菲力浦斯、何明基斯共同领衔演出了这部喜剧。 就这样开始了江生与"大臣"剧团之间虽时常中断却绵长不绝的关系，也开始了江生和莎士比亚之间虽长久却激情起伏的情谊。

莎士比亚是少数未曾公开与江生争吵的作家之一。 不过私下里两人对于剧本写作定然有过龃龉。 莎士比亚和江生于写作的艺术有一个全然不同的观点：莎士比亚认为天下人何必个个相同，而江生则有自己的写作的理论，决不容许异象存在。

江生曾受过学院教育，确认正确之写诗方式是先以散文写下意念。 莎士比亚笔下奔腾，从未听过有这档子的规则，江生为此觉得抱憾之至。 江生酸刻地批评莎士比亚"那般快速地流泄，有时真该堵他一下"；对于莎士比亚的演员同伙盛赞莎士比亚送来的剧本字里行间绝无涂抹修改，更是不愿置信。 "他早涂过一千处了"，他说。

江生对自己的剧作曾做过许多仔细的考据，因此对于莎士比亚这个不注意史实的同行，觉得不是滋味。 莎士比亚过世后3年，他还念念不忘莎士比亚在"方圆数百里之内无海"的波希米亚境内放上了一个海岸。 莎士比亚这个海岸是在罗伯特·葛林的一篇通俗小说里找到的，他也没有想到要去探究一番，他只注意到故事本身。 江生可不然，他要先翻地图，请教专家，把事情弄个水落石出，才能再继续写下一行。 同时，莎士比亚也不管什么三一律，悲、喜剧一锅熟，教人觉得他真是毫不顾及文学法则。

不过，两人间尽管有着这些歧异，江生却敬爱莎士比亚，称他是"我敬爱的人"。 他并不是轻易付出感情的人，却这样评说莎士比亚："我爱此人，敬重他的声名，如任何人一般尊

作家们聚会畅谈（前坐者为莎氏）

崇他。"

江生对别人的最高称誉是赞他"诚正"，而"诚正"在文艺复兴时期也有高度赞赏的含义。 他如此评论莎士比亚："他确是诚正忠实，而且天性通达无拘。"这样说莎士比亚的人有好些，却不似来自狂烈的班·江生那般有力。

江生费尽心机地写他正规的古典文句，另一方面过的却是狂猛而极端的生活。 他早因《犬岛》而见识过监牢，《各有癖性》演出不到一个月，又因杀了潘布罗克剧团的一个演员同仁而再系囹圄。 在伊丽莎白和詹姆士统治下，他就一直不断地进出牢房。 他与山姆尔·丹尼尔这样温驯的人都会结下冤仇；揍了约翰·马尔斯敦（1575？～1634，英剧作家），还要夺去人家的手枪；他恐吓杜雷顿，又侮辱殷尼哥·钟斯（1573～1652，英国建筑家）。 他喜欢和已婚妇人厮混，因为她们"较有经验"，并且当着自负的詹姆士王的面，说他没有诗歌的耳朵。 他酗酒，"其温也热烈，其怒也激烈……"教人爱得深切也教人恨得入骨。

他的朋友，威廉·莎士比亚则几乎与他完全相反。 根据所有的证据显示，莎氏从未进过监狱，也不曾与人有过仇隙，从不记恨别人，对钱财小心翼翼，20 年的时间里一直与同一群人一道生活。 可是，当江生在他剧本中苦心经营古典理想时，莎士比亚在他的写作中却风狂雨暴，屡趋极端，使得江生说其中的一些"荒谬"而"难逃人们的窃笑"。

也许江生会同意真实生活，偶尔也非常荒谬，只是他不愿再在舞台上容忍这样的真实生活吧。

伦敦
最漂亮的剧院

1598 年 9 月，"大臣"剧团上演江生成功的新喜剧。 这是在"剧幕"戏院推出的，因为詹姆士·柏璧基的剧院因产权纠纷闹得很厉害，无法营业。

剧院土地所有人是基艾尔斯·艾伦。 1597 年 4 月 13 日，租约到期，柏璧基想续约至 1607 年，被艾伦所拒。 柏璧基于是在布莱克弗莱尔物色了一座旧日的戏院，斥资数百镑重加整建。如此，他又成为英国第一位把有屋顶与室内照明设备的厅堂改建成公共戏院的人，成为戏院建筑方面的先锋。

可惜的是，柏璧基的戏院选在较高的山坡上，那里是该处最特别而排外的住宅区。 他的戏院又敲又打干扰了清静，就在快完工之时，当地居民向枢密院提出了诉讼。 于是枢密院下令在布莱克弗莱尔不许兴建公共戏院。 柏璧基不及两个月便抑郁而逝，留下库斯柏特和理查两子继续奋斗。

库斯柏特和理查不肯轻易放弃。 原先的租约中有一条载明，詹姆士·柏璧基有权"在……21 年期满前，任何时候或时期，为了自己适合的用处而拥有、拆卸或运走"戏院。 现在 21 年虽已满期，柏璧基家的兄弟却不觉得情况有所改变。

戏院的拆卸、重建所费不赀，是个大问题。 兄弟俩遂向五位演员——库斯柏特称为"那些值得的人"——威廉·莎士比亚、约翰·何明基斯、奥格斯汀·菲力浦斯、威廉·甘普与汤玛士·柏普请求经济支援。 这又是创举，因为向来尚无人请一群演员共同出资建造戏院的。

经过商议的结果是，这 7 个人决定组织董事会，认购股份，共襄盛举。 柏家兄弟掌握新戏院的一半利益，另五位演员则掌握另一半的利益，因此莎士比亚也就掌有全部十分之一的股份。他们并将股份交托给两位信托者，这样演员们便可将股份再传给子嗣。 莎士比亚等人承担戏院主人的各项花费，从土地的承租、戏院的养护乃至每年付给逖尼的戏院执照费，无所不包，交换条件则是免费在该戏院演出。 在伦敦戏院史上，这也是一种崭新的安排。

其次的问题是去哪儿觅得土地来建戏院，它必须靠近伦敦，观众才好在天黑前赶回家，但是又不要在伦敦市的辖区之内。汉斯洛的玫瑰戏院，在泰晤士河骚瓦克这边的"克林克的立柏提"区内，属于文契斯特主教管辖范围之内。 "玫瑰"附近有块地，用为垃圾场，当地多沼泽，需经填实方能利用，同时又处处沟渠交错，汉斯洛必须在其上修筑桥梁道路，观众才能通往"玫瑰"。 就在这儿，有块不错的、自观众眼光来看地点绝佳的地段。

这片土地的主人是伦敦的一名律师，尼可拉斯·布兰德爵士。他答应以每年 14 镑又 10 先令的价格，出租 31 年，柏氏兄弟等人于圣诞节时，正式成为新的地主。

圣诞节过后 3 天，柏氏兄弟带领经验丰富的伦敦木匠师傅——彼得·史维特等 1000 人，带了拆除工具，来到休第曲，预备拆迁剧院。

皇家莎士比亚剧院

基艾雨斯·艾伦虽然不在休第曲，却留了两个代理人为他守着戏院。其中一位代理后来在法院作证说，柏家兄弟这批人保证说，只是拆下戏院在原址重建；基艾尔斯的作证，则说他早想拆平剧院，"将木头改于更好的用途。"可是柏家人等却带了剑、斧、匕首前来，并不顾附近人们的抗议，以"非常恣肆、暴烈而强迫的方式"把戏院给拆平了。基艾尔斯立即诉诸法律，甚至控告彼得·史维特和手下的人踩坏了他的草地。钱与势这次不管用了，基艾尔斯败诉。

拆下的木头等建材经由泰晤士河运往克林克的立柏提。当时英国木材稀少而价格昂贵，由剧院拆下的都是厚重、有价值的

木材，给柏氏等省下不少钱。 不过他们仍需购建新地基和家具，付木匠和泥水师傅工资，总共约 400 镑，比起新建一座戏院便宜多了。 这儿所有的水渠都汇流于泰晤士河，渠中水位依潮汐而起落。 照江生的说法，新戏院是"一渠夹绕，强建于沼泽之中"。 戏院的广场定然铺砌过了，不然遇上大雨，戏院就无用武之地了。

重新拼建的戏院在设计上并无重大改变，仍在伸出的舞台四周安置着一排排呈阶梯式的座位，头上是葺草屋顶，中央则开向天空。 不过，彼得·史维特倒采用了所有最新的技巧，使得建成的戏院能带给观众最大的舒适度，带给演员最多的方便。

戏服存放的空间可能扩大了许多，而且也装置了最近的后台机关布置。 它必然有一套暗门，这样《麦克白》里的三个幽灵才能现身。 其中一道暗门在舞台下定然还有驻脚台，这样理查·柏壁基才能跳进奥菲莉亚的坟墓里，使观众屏息感动。 戏院屋顶之下也有复杂的机关，等着让《辛柏林》里的宙夫乘天鹰而降，并在《李尔王》中制造雷击与闪电。

这个董事会把这座新戏院命名为"环球"，他们的徽记是赫

剧院正在上演剧目

丘力斯（希腊神话中之大力士）在双肩上擎着地球。 起先戏院后头有条胡同，叫做布兰德租借巷，戏院建好后，人们开始称之为环球巷，15 年之内它就变成正式的名字了。 莎士比亚只分摊付给布兰德租金的十分之一，但在布兰德诸律师眼中，似乎认为他是董事会中的要员，在一份布氏财产调查中，称他们为"威廉·莎士比亚与其余者"。

彼德·史锥特的工作进度很快，1599 年夏季之前戏院已经完工，可以再做公演了。 它是全伦敦最漂亮的戏院，与近邻的"上将"剧团相比，简直占尽了上风。

此时，"上将"剧团恨不得立即扳回均势，那年还未过完，他们就又建起了一座新的戏院，叫"财富"。 汉斯洛与彼德·史锥特在合约里约定，几乎全部的工程细节皆与"河岸边新建的剧院"相同，甚至连舞台的大小都和"环球"一样，只有支柱是方形的，上端雕着有半人半羊的森林神像与"环球"不同。"财富"和"环球"的最大不同就在于"财富"是方形的，这是一种新尝试，而"环球"则是圆形的。

"财富"建在城市北郊，虽也吸引了一批北边居民，但不容

环球剧院

置疑，"环球"仍是骚瓦克最好的戏院。它一直是那一代人的"河岸之光"，而从那时起莎士比亚的剧本全都在那里演出。

"征服者威廉"

最先在"环球"表演的一些戏剧中，有一出是《尤力乌斯·恺撒》。有个德国观光客名唤汤玛士·卜莱特，他与朋友们越渡了泰晤士河来到河滨区，"在那儿一座覆着葺草顶的戏院里，看到了一场极好的演出，是有关第一位皇帝——裘力斯的悲剧"。卜莱特不谙英语，但对表演结束时演员们的群舞却印象深刻。他对全英国戏院内的座位安排甚表赞同，因为"人人都能有良好的视线"。对于在天井中花一便士的"站票"和"最舒服的有垫坐椅"的较高票价的方式，以及表演途中食物、饮料的售卖，卜莱特都很喜欢。同时他对演员们华丽的服饰也赞赏不已。

✯资料链接✯

恺撒大帝

该犹斯·尤利乌斯·恺撒出生于公元前102年，卒于公元前44年。恺撒是古罗马杰出的军事家、政治家和作家。他出身于罗马著名的尤利乌斯家族，父亲曾任行政长官。他少年时期学习过修辞学和演说术，受过良好的教育；从政初期曾是民主派领袖，反对贵族派。他历任财务官、监察官、祭司长和大法官等职。公元前60年他与庞培、克拉苏结成三巨头同盟，共同统治罗马共和国，史称"前三巨头"。公元前58年他取得高卢总督职位，几年内征服了高卢全境。他不仅有大量财富，更重要的是他训练了一支忠于自己的强大军队。公元前49年，恺撒打败了庞培，夺取了政权（克拉苏已在一次对帕提亚的作战中死去）。以后几年间，他获得无限期的独裁权力，集执政官、独裁官等大权于一身，成为一个名副其实的军事独裁者。共和国名存实亡，元老院权力日渐削减。恺撒实行的一些措施，如将行省土地分给8万老兵，减轻负债者的债务，惩治贪污勒索官吏等，触动了元老们的利益，引起元老贵族的不满。公元前44年3月15日，在元老院议事厅，被以布鲁图和喀西约为首的反对派刺死。恺撒留下两部有历史价值的著作，即《高卢战记》、《内战札记》。

恺撒出身于罗马的一个古老但没落中的贵族家族。由于他和老一辈的民主派领袖马略和钦奈有亲谊，青年时代就受到贵族共和派的排挤，迫使他只能自始就站在民主派一边，逐渐成为反对派的领袖，一面也按部就班地从财务官、工务官升到司法官。但在这时候，他除了在街头的游民阶层中拥有巨大的号召力以外，没有别的政治资本。为此他设法跟当时在军队中有极大势力的克耐犹斯·庞培和代表富豪们即所谓骑士阶层的罗马首富马古斯·克拉苏结成"三人同盟"。当然，这三个人代表的是三个不同利益的集团，只是因为同样受到把持元老院的贵族共和派的排挤，才凑合到一起去的。恺撒在这两个人的共同支持下，当选上公元前59年的执政官，但由于元老院的掣肘，并没有什么大的建树。

这时，经过半个多世纪的政局动荡，罗马统治集团中无论哪一派的领袖人物都从实际经验中体会到，要掌握政权，必须先有一支武装力量；只有利用武力，才能在政治上有所作为。因此，恺撒在执政官任期届满之后，竭力设法争取到高卢行省去担任行省长官，目的是趁在高卢的机会训练起一支自己的军队，作为政治上的后盾；同时，在高卢大事开拓疆土，掳掠奴隶，还可以为自己在罗马的奴隶主阶级中取得声誉，又可以乘机积聚起一大笔财富来作为今后政治活动的资本。

恺撒在公元前58年前往高卢，到公元前49年初方回意大利。他在高卢的9年中，据普鲁塔克说，曾经屠杀了100万人，俘虏了100万人。他本人和他部下的将吏都发了大财，使他能在罗马广施贿赂，甚至一直贿赂到要人们的宠奴身上。他还在平民中举办各种演出，发放大宗金钱，并在意大利许多城镇兴建大量工程，既讨好了承包的人，也讨好了因此获得工作机会的平民。这样一来，他在意大利公民中的声望渐渐超出"三人同盟"中的其他两人，特别是他借高卢作为练兵场所，训练起一支当时共和国最能征惯战的部队，而且是一支只知有恺撒、不知有国家的部队。

恺撒的成功刺激了克拉苏，他在公元前63年赶到东方去发动对安息（即帕提亚）的战争，希望在那边取得跟恺撒同样的成功，不料全军覆没，死在那边。这就使得原来鼎足相峙的"三人同盟"只剩下恺撒和庞培两雄并立，彼此日益猜忌，加上元老院中一些人的从中挑拨拉拢，和恺撒的女儿因难产而死等原因（恺撒为了维持联盟曾把自己的女儿嫁给庞培），庞培终于和恺撒破裂，正式站到元老院一边去，成为贵族共和派借以对抗恺撒的首领。公元前49年恺撒带着军队，以迅雷不及掩耳之势进入意大利，庞培措手不及，带着全部政府人员和元老院仓皇逃出罗马，渡海进入希腊，听凭意大利落入恺撒手中。次年冬天，恺撒也赶到希腊，在法萨勒斯一战击败庞培主力。庞培逃往埃及，被埃及人就地杀死。恺撒在肃清了其他各地庞培的余党后，重新统一全国。

恺撒一个行省一个行省地肃清庞培余党的过程，也就是扫除罗马贵族共和体制的残余影响，建立新的统治机器的过程。因而，被恺撒重新统一了的这个罗马国家，已不再是过去的那个软弱无力、遇事拖拖沓沓的旧的罗马共和国，它已经是一个全新的中央集权的军事独裁国家，已经能够像身之使臂、臂之使指那样地统一指挥全国了。这对于地中海沿岸各地区的经济发展和文化交流肯定是有利的。

恺撒从统一罗马国家到死去，还不到4年，但就在这样短暂的时期内，他仍能完成了许多值得称道的工作，最值得注意的有两个方面：首先，他摧枯拉朽地破坏了旧的贵族共和体制，把军政大权集中于一身，基本上完成了向君主独裁制的过渡，把过去几百年发展中随时修修补补、牵强凑合起来的那些重床叠架、支离破碎的旧制度做了一番整齐划一的工作。他把执政官、统查官、保民官、大祭司长等重要职务兼于一身，他把元老院降为咨询机构，他把公民大会当作可有可无的装饰品，都是为他后来的继承人把罗马变成披了共和制外衣的帝国开创了道路。其次，他企图逐步废除旧罗马作为一个城邦霸国所遗留下来的种种特权，把意大利各城镇的地位提高到和罗马相等，把各行省的地位提高到和意大利相等，并且把公民权陆续给予罗马的各个行省——当然只给奴隶主阶级——使这个大帝国的统治集团基础更加扩大巩固。但这项工作仅只完成了一部分。过去他在高卢时就已经把公民权给了山内高卢人，后来还让他们的部分首领进入元老院，引起了那些把公民权视为禁地、不愿别人分享的旧公民的不满。

公元前44年，他制定适用于意大利各市镇的自治法，给它们跟罗马同样的地位；他恢复了意大利一向免除的关税；他还计划废除由商人承包征收行省税赋的办法，改由国家直接派人收取，取消行省人民最痛恨的一项税政。难怪当时沸沸扬扬地传说他想把首都迁到亚历山大里亚去，把罗马改造成一个东方式的君主国家，主要就是因为他降低了罗马城在国家中地位的缘故。

恺撒在公元前44年被贵族共和派的残余分子刺杀，结束了他忙碌的一生。他的嗣子、他姐姐的孙子该犹斯·尤利乌斯·恺撒·屋大维安弩斯，即奥古斯都，在恺撒奠立的基础上，彻底完成了把奴隶制的罗马共和国改建成帝国的任务。

历来评论恺撒的人很多，大部分人都把他吹捧成不可一世的英雄人物、伟大的政治家、天才的统帅、作家和演说家等等，仿佛他是一个凭空建立了这个大帝国的人。其实，恺撒的一生斗争只不过是奴隶主阶级中一个统治集团跟另一个统治集团为了该不该改变统治方式而做的斗争。虽然在一段时间内改善了这个奴隶制国家的处境，使奴隶制经济得到了进一步发展，可是受惠的仍然只是奴隶主阶级，根本没影响到当时广大奴隶阶级的命运。其次，他一生的成功主要应该归之于他的恰巧处在罗马共和国这样一个国家，这样一个历史时代，一时风云际会，机缘凑合，让他不自觉地完成了历史要他完成的事业。这里，他的个人品质，像坚毅、机智大胆、圆滑等等，在其中只起了极其有限的作用，因而过分吹捧恺撒是不恰当的。正像革命导师恩格斯说的那样："恰巧拿破仑这个科西嘉岛人做了被战争弄得精疲力竭的法兰西共和国所需要的军事独裁者，——这是个偶然现象。但是，假如不曾有拿破仑这个人，那么他的角色是会由另一个人来扮演的。这点可以由下面的事实来证明，即每当需要有这样一个人的时候，他就会

出现：如恺撒、奥古斯都、克伦威尔等等。"

  莎士比亚在《尤力乌斯·恺撒》里尝试了一些新的东西。他的剧情多取材于廉价小说或旧剧，《恺撒》是他根据普鲁塔克的古典巨著《伟人列传》而写的一系列剧本中的第一部。 普鲁塔克甚受文艺复兴时期人们的推崇，但莎士比亚对于他那种限制重重、只能阅读不能排演的戏剧可没胃口。 他之所以阅读普鲁塔克倒不是出于尊崇，而是为了剧情所能给他的快乐。 莎士比亚的态度和汤玛士·诺斯爵士相似，诺斯就是曾对抗无敌舰队并将布氏《伟人列传》译成英文的那位。 诺氏向读者解释说，大部分古典作品均"较适合于学院派人士而较不适于市井百姓"，布氏作品却"适合任何地方"，并能"达于所有的人们，适用于所有的时代"。 莎士比亚本人是市井人士，作品也非学院派的，他果然深为布氏所吸引。

  莎士比亚写《恺撒》较他写其他大部分剧本的速度都较慢也较审慎留心。 他像写《错中错》那样，把自己限制于某一词汇之中，而这时他在其他的剧本里却正满篇地创新文字呢。 他写《恺撒》似乎极力想尝试古典的控驭方式，然而却仍然不肯让这样的试验影响到他对人们的认识和描述，结果还是没讨得那个顽固的古典派作家——江生的欢心。 江生还为《恺撒》着实气恼了许多年。

  《恺撒》中有个角色说："恺撒，你错待我了。"恺撒则回应说："恺撒犯错，向来都有正当理由。"江生为此热血冲顶，说那简直是"鬼扯"。 莎士比亚后来出版该剧时，虽把恼人的这两句删除了，江生仍旧余愠未消。

  江生相信在处理角色时要合理、要合逻辑，他却不能想到独裁者并不管什么道理、逻辑这一套。 20世纪的历史已经证明了莎士比亚对独裁者的描述是正确的。 江生的角色都经过他细密思考的过滤，他的诗也先经过散文的过滤。 莎士比亚的角色从不过滤，却似乎诞生于雷霆万钧的直觉，他能描绘出并未亲见的

《错中错》剧照

想象国度里的情景，就好像他原就出生在那里一般。

就在 1599 年，"大臣"剧团又演了江生的第二出喜剧《人各有怨》，观众并不喜欢，倒是印成书后反映很好。暴躁的江生一口咬定是归因于《人各有怨》过于写实。他说观众不喜欢"就近与自己熟悉的当代发生关联"的剧本，却喜欢"公爵爱上公爵夫人，公爵夫人却爱上公爵之子，这儿子又爱上夫人的女侍；像这样的连环追求，再加上小丑和仆役"的剧情。

江生所说的这种歌剧式而不真实的剧情，在当时伦敦舞台上非常普遍。莎士比亚这时写了一连串的浪漫喜剧——《第十二夜》、《如愿》、《无事生非》。这三部喜剧里，果然挤满了公爵、公爵夫人和逗趣的仆役，并且接二连三地发生连环大追逐的事情；而"伊利里亚"和"阿登森林"也并不与当代的问题有"就近而熟悉的关联"。在这三个故事中，莎士比亚仍然是以让江生跳脚的欠缺尊严、随遇而安的态度，取材于低俗小说。

《第十二夜》与《无事生非》源自于意大利通俗小说选集，

《第十二夜》海报

《如愿》则取自汤玛士·罗基（1558？～1625，英国诗人及戏剧家）的通俗散文爱情故事《罗莎琳》。莎士比亚并不反对在剧中让女子穿着男装，或让流放之人藏身森林等的布局。他灵活的巨手托起这些劣等的材料，轻易地将它们举入了喜剧和爱情故事的金辉里。观众立刻便把罗莎琳、毕翠丝和韦娥拉与真实、愉快的人物相印证起来；而马佛里欧更是迷倒了许多人，使得《第十二夜》一度被人称做"马佛里欧"。莎士比亚与观众之间这种亲密的关系是江生这种重次序的脑袋所不能理解的。他黯然神伤地说："这只野兽，这批群众……对于正确而恰当的事物一点也不爱。离理性与可能愈远，他们就愈以为好。"

伦敦有个青年律师看了《第十二夜》后，对于马佛里欧这个角色很觉开怀并喜欢，在日记中记下了这部分的详细情节。这个青年名叫约翰·满宁汉，他的日记还记了伦敦城里的许多趣闻。有一则趣闻中，写的是理查·柏璧基饰演理查三世成功的那段日子：有个市民的老婆在离开剧院前和理查相约见面，被莎士比亚无意间听见了，便先行前去。等到柏璧基来了，他在门口喊说理查三世驾到，并从里头答话说，征服者威廉已先理查三世驾临。

莎士比亚由于在舞台界称得上是无往不利，很可能让人取了个"征服者威廉"的诨名。满宁汉日记中所记的妙事都注有来源，在莎士比亚的趣闻下注的名字却模糊难辨，使人难免怀疑莎、柏两个密友是否真会为了些许迷途的观众而互出风头。不过，这则趣闻也反映出了当时人们对演员的看法，认为戏子们都是花蝴蝶，许多知识水准高的伊丽莎白时代的人更以为戏子过的

亨利五世

都是"荒嬉闲荡的生活"。

"环球"创建之初,莎士比亚所写的另一出戏是历史剧《亨利五世》,于1599年的夏季演出,比《恺撒》的演出稍早。

亨利五世是英国历史上甚孚众望的大英雄之一,伦敦观众常能见到他在舞台上出现。莎士比亚虽然选了一个旧腐不堪的题材,却仍能吸引观众,并把他的亨利王塑造成英国国王应有的形象,使他成为英国最高贵的武士之一。

《亨利五世》中应有的大战争场面一定使莎士比亚感觉到舞台限制的痛苦,因为一场惊天泣地的大战搬到舞台上,就只能剩些鼙鼓、号角和道具剑了,再加上一群演员靠着两条腿,不断地从这扇门追进,又从另一扇门追出。

不过莎士比亚却晓得利用观众们没有边界的想象力。透过演员的合唱,不断地诉诸观众的想象,"请以您的思想来弥补我们的不足",而他确实获得了非常好的效果。

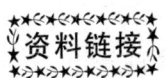

英国国王亨利五世

亨利五世(1387年8月9日~1422年8月31日),英格兰兰卡斯特王朝国王(1413年~1422年在位)。在他短暂的9年统治期间,他取得了中世纪任何一位英格兰国王都未取得过的军事辉煌。

亨利五世是英王亨利四世之子,母亲为玛丽·德·伯翰。他生于

蒙茅斯（在威尔士）。在他出生时他父亲还只是德比伯爵。当德比伯爵被放逐期间，亨利被国王理查二世收养，并得到很好的教育。德比伯爵篡位后，即封亨利为威尔士亲王。1413年3月20日，亨利五世加冕为英格兰国王。

亨利五世重燃百年战争战火，而他甚至取得了比爱德华三世更大的胜利。当时法国内部矛盾重重：国王查理六世长期患有精神病；两大贵族集团奥尔良派与勃艮第派流血冲突。亨利五世一一加以利用。实际上，他使勃艮第公爵无畏的约翰背叛自己的国家转而支持英国。

1415年亨利五世正式侵入法国。事实证明，他是比爱德华三世更善于发挥英格兰长弓手威力的指挥官。他首先攻下埃夫勒，继而向沿海重镇加莱进军。在这期间，亨利五世宣称他要得到法国的王冠。以少胜多的阿让库尔战役（1415年）几乎摧毁法国人的斗志。此后英军不断取胜，1419年全部征服诺曼底，随即法国北部第一重镇里昂投降。

1420年亨利五世迫使查理六世签订特鲁瓦条约。这份条约对英格兰来说是难以置信的巨大胜利：条约规定，亨利五世与查理六世的女儿瓦卢瓦的凯瑟琳（法语读卡特琳）结婚，并且查理六世死后其法国王位由亨利五世继承（剥夺了法国王太子夏尔的继承权）。亨利五世实际成为法国的摄政王。

此时的亨利五世可谓青云得意，然而他的辉煌转瞬即逝。当他在政治上达到权力的顶峰时，死神悄悄地走近了他。1422年，在万塞讷附近的一次战斗中，斑疹伤寒夺走了亨利五世年轻的生命。

《亨利五世》是莎士比亚一系列历史剧中最后的一环。这些历史剧涵盖了百余年的英国史，始于普兰泰吉尼王朝的最后一代，止于都德王朝（1485～1603）的第一代。这一系列剧作并未依年代次序来编写，而且最初写时他年纪还很轻，因此品质并不十分均匀。不过各剧之间都已经仔细衔接，都以相同的方式、态度来处理英国历史。

这种方式是由都德王朝的历史学家们所立下的，并为都德王

朝的王室所赞许、鼓励，那就是：昭告世人，一个王国的福祉的谋求，首要的在于有一个壮大而名正言顺的王室。普兰泰吉尼朝最后一个君王——理查二世是正统，但并不壮大。亨利四世篡位，王权虽然强大，却名分不正。他的儿子亨利五世是各方面都令人赞佩的君主，可惜英年早逝。他懦弱的儿子继位，是为亨利六世。王位接着由理查三

理查三世

世夺得，他虽是个强主，却又不合正统，所以整个王国鲜血翻腾。最后，约克与兰卡斯特两家联姻，干戈方止，都德王朝于是诞生。

莎士比亚这一系列的剧著是从第二部分开始写的，而且他并不需要什么特别的计划。他只是遵循着像贺尔和贺林虚德这样的历史学家而行，而历史学家们所遵循的则是当代的时势。莎士比亚写剧本一向不亲自去做详细的考据，他也决想不到，他这样的写法会有这样大的说服力量，竟让后代的英国人以他的历史观来看他们的历史。

《亨利四世》前后两部分里，莎士比亚都让约翰·法史达夫上场，并且在《亨利四世》中，最后说台词的演员还下保单说："我们谦逊的作者将继续这个故事，其中会有约翰爵士。"可是新剧写成时，法史达夫却没露脸。较可能的解释是，莎士比亚认为若让约翰爵士上台，会把观众的耳朵和心灵吸往错误的方向，而忽略了他那高贵、尚武的亨利五世。

可是莎士比亚却发现，要把这个不负责任的老士绅打发掉还真不容易，最后应观众要求，不得不为他专门写了一出戏《温莎

的风流娘儿们》。《温》剧无意叙史，是莎士比亚所写的唯一一部中产阶级家庭喜剧。

温莎小镇

《温》剧背景不是温莎堡，是温莎城，其中的要角也不是贵族，而是市民们。莎士比亚对这座散乱延伸的小城有透彻的了解，因此能够得心应手地作为背景，譬如把坐落在高街的买特客栈作为法史达夫发号施令的所在，赫尼的橡树则是法史达夫与人聚会的地方。并且他利用达奇特草地渡口附近的小溪作为法史达夫和一大堆脏衣衫一块倾入泰晤士河的地点。伊丽莎白女王无疑是很喜欢这出戏的，而且对该剧中一般丈夫所表现的严凛的轻蔑态度定然是"心有戚戚焉"。剧中两位女主角是活泼、聪慧的温莎妇人，她们对于自己丈夫仅止于容忍而已，但是彼此之间的交情却好得不得了。伦敦的主妇们定然因此而对"大臣"剧团另眼相看，格外赞赏了。

就在此时，莎士比亚有许多剧本付印，并在各书店售卖，偶尔也会出现讹误、盗印的版本，如《亨利五世》和《温莎的风流娘儿们》便有盗印的情况。但一般而言，内容都算完好，应属

"大臣"剧团授权付印无误的版本。 1601 年之前，莎士比亚已有 13 部剧本印出，这些四开本的书上大多不再隐略作者的名氏，而是在标题页上印出他的姓名，以促销售。 1600 年 8 月，《无事生非》登记申请出版时，在注册名册上列的是"莎士比亚大师著"，这是莎士比亚名字最早出现在"出版注册处"的一次。 后来莎士比亚的剧团不再授权出版他的剧作，出版界便开始有人将别的作家的作品冠上莎士比亚的姓名，如《伦敦浪子》、《约克郡的悲剧》。 威廉·贾格德是个颇有威望的出版家，"环球"初建那年，他获得一些手抄的诗稿，共 20 首情诗，其中有莎士比亚十四行诗 5 首。 贾格德把页缘留得宽宽的，再加上装饰的花边和许多空白页，居然被他做出了一本 32 页的小书。 为了促销，他把它就叫做"《爱的朝圣者》，W·莎士比亚著"。

出版文选的人也发现莎士比亚的名字能卖钱。 17 世纪初叶，出版文选的人很多，而莎士比亚则是他们甚为倚重的作家之一。 约翰·波登汉是一位极佳的文选编辑，1600 年曾发行《贝尔维德》（或称《缪斯花园》）以及《英国的海利康》（希腊毕欧秀山山巅，是阿波罗和缪斯女神居住之地），在这两本书中都收有莎士比亚的作品。 《缪斯花园》其实是诗句辞典，分成若干个次标题，如"谈美德"、"论耐心"、"说暴君"等，读者可依所需而选用各作家的诗作。

另一本同年出版的类似选集是英国的《巴拿瑟斯》，号称收有"我们当代诗人最上选的花朵"，其中有莎士比亚诗句近 100 句，大部分取自他的两篇叙事诗。 人们认为他叙事诗的文学价值高过他的剧本。 此外，它有庄严高贵的思想，那正是文艺复兴时期的文选家们所追求的。 英国数代以来，从无人怀疑过文学的主要目的是要潜移默化地影响人们的行为，将诗歌区分为"思想"一类，正是当时的一种特色。

当时的文学风尚称赞莎士比亚的作品"甘醇可人"。 大家一致学约翰·柯维尔，颂称"怡情悦性的莎士比亚"。 理查·

莎士比亚
Shashibiya

卡露把他比作罗马诗人加塔拉斯（公元前 84？～公元前 54）；法兰西斯·米尔斯颂赞他是"甘唇蜜舌的莎士比亚"……这些都是当时人们的反应。 同年，理查·邦菲尔德提及莎士比亚"甘蜜流涌的心脉"；1599 年，约翰·韦渥再次就"蜜口的莎士比亚"写了首短诗，他除了提到莎士比亚的两首叙事诗之外，还赞扬他刻画角色的才华。

莎士比亚迷对莎士比亚近乎痴迷的崇拜也招致当时知识青年的讥评，认为他的作品不免过时。 剑桥大学一些聪明的学生写了一系列的戏，叫做《从巴拿瑟斯归来》，共有三部在大学里上演。 《巴》剧第一部戏中的活靶子，是个名唤贾利欧的"人尽皆知的傻子"，他不停地引述《维纳斯与鄂多尼斯》里的字句，不断地诉说他最爱的这位诗人的优点。 这是对莎士比亚的直接攻击了。

《从巴拿瑟斯归来》第二部于 1601 年在剑桥大学演出。 这时，《缪斯花园》才出版不久，因此剧中人物对该文选中各作家们做了一番彻底的评论。 他们主要看不顺眼莎士比亚的地方竟是说他总是写同一类型的作品。 他甘美的诗句包含着令人心悸的字句，但愿他喜欢更严肃的题材，而不是爱的痴愚、慵懒、憔悴。

剧中攻击的对象是"大臣"剧团全体。 剧情是两个剑桥学生毕业后到处找饭碗，有一阵子还想受雇于莎士比亚的剧团做演员。 柏璧基和甘普都上了台，甘普还是大字不识一个的大文盲，他反对"那位作家奥维德以及那位写的作者"，并相信"我们的弟兄莎士比亚"能够较任何受过大学训练的人写出更好的剧作。 等柏、甘两人下台之后，这两个剑桥学究便决定不当演员了，而去当提琴手，因为做什么都比加入一群"模仿的猿猴"剧团要好。

这些情节虽显夸张，却反映出大部分青年高级知识分子对像莎士比亚这般的通俗职业作家的轻蔑。 自然，牛津或剑桥两校师生所写的剧本在各方面都要优于粗枝大叶的伦敦市井产品，它们不受商业污染，它们的知音是受过教育的贵族，而不是修铲补锅的伦敦小市民，而且它们在台上的演出也富丽辉煌。 这些大学能毫不费力地表演"梅丘力（罗马神话中之诺神使者）和爱丽丝（希腊之彩虹女神）自天而降与平地飞升"的情景，而且还能制造人造雪。 当演出大人物时，他们甚至还能借到藏于伦敦塔内的富丽气派的衫袍。

　　大学里的贵族们优于普通伦敦市中的演员，这是一般人所公认的。 1593 年，枢密院曾通告牛津、剑桥两大学，不得再准许"普通演员"在大学里演出。 这两个大学的学生是国家未来的希望，若让鄙俗的戏剧表演搞坏了脑子，那可不是好玩的。 本来已有大学法规对观赏职业剧团演出的学生施以处分。 伊丽莎白在位的最后几年里，政府还一直付钱给各剧团，要求他们不在大学里演出。

最长的剧——
《哈姆雷特》

1603 年，有人擅自出版了《哈姆雷特》剧本，内容很差，在标题页上，它说明这出戏已多次在"伦敦城及剑桥和牛津两大学"中演出。 在剑桥和牛津大学里演出，这恐怕不可信，在伦敦城演出倒是可能的。

　　《哈姆雷特》中悲喜剧交叉，没有遵守三一律，还有许多其他不合习俗惯例之处，上过大学的青年人一眼便能辨识，因此一定对这出戏不表赞同。

　　《哈》剧剧情取自"大臣"剧团里一出老掉牙的通俗剧，约在莎士比亚初抵伦敦时即已写成。 那满台乱走哭泣着说"哈姆雷特，复仇呀！"的鬼魂，正是 16 世纪 80 年代后期舞台上一窝蜂的噱头。 除非有某种原因耽误了复仇，不然全剧在第一幕里

就可以完结了；只是复仇的主角哈姆雷特就同晚年的伊丽莎白一般阴郁而犹豫不决，一直举棋不定无法采取行动，最后毁了剧中所有的人物。

16世纪90年代末期，许多青年在"世纪末"的风潮里，对大学和四法学院抱持悲观的看法，高谈阔论生命的空无、英雄式行动的徒劳与性爱的堕落。哈姆雷特部分造型即源于此。不过，他

《哈姆雷特》

也是提摩西·卜莱特医生所描述的忧郁症患者，他"不容易行动"，"会做令人惊悸害怕的梦"，"思考精密而多疑"，"有时愤怒，有时快乐"，而且"感情激烈"。这样的人常常懂得太多，不信任朋友。

对于卜莱特医生的这番分析，莎士比亚的了解与兴趣也就止于此了。他明白哈姆雷特介于灵与肉的困境之中，那正是每个人自己悲剧的核心所在。他把哈姆雷特塑造得真实而让人心惊：他虽有礼貌却又粗莽；他聪敏却自憎自怨；他矛盾不定却教人惊惧。自他而后，每代人都能从他身上认识到自己的形象。

《哈》剧是出人人叫好的戏。就以它最低的水准来看吧，它也是一出营造高妙的通俗剧，其中鲜血横流、壮观的景象，斗剑的场面层出不穷，即使最会打瞌睡的十岁小儿也会开怀大乐。而它最高的层面，又能深达于人心里的秘密国度，让智者看到一片新的景象在他面前展开。

当时人们对《哈》剧的成功发出的回响至今仍能稽考。安东尼·史哥洛克认为任何理想的写作都应该像席德尼的《阿卡第

《哈姆雷特》剧照

亚》（原为古希腊一山区名，以人民生活淳厚宁静著称）或是像"适度的莎士比亚悲剧……像哈姆雷特王子"。 盖伯·瑞雪哈威也以工整的笔迹写下了一些评述："年轻一辈从莎士比亚的《维纳斯与鄂多尼斯》里获得了莫大的愉悦；但他的《卢可莉丝之辱》和《哈姆雷特》却讨好了智者。"《卢可莉丝之辱》这时已出到第四版，一般人都以为它是莎士比亚最好的作品。

莎士比亚在《哈姆雷特》上面不惜花大量笔墨，与《尤力乌斯·恺撒》中的简略成为明显的对比。 《哈》剧是莎士比亚最长的一部剧著，而且所含的新字也最多，如何做适当的删减以适合于一般的舞台表演，在当时一定是颇令人头痛的问题。

不论《哈姆雷特》的演员如何删减，恐怕都不肯把哈姆雷特对"孩童的空想"所做的议论省略，因为这些让观众们"狂暴地鼓掌"的孩子们，与成人剧团间白热化的竞争，早就看在观众眼里，看戏的人见到舞台上做这样的表演都会乐不可支。

童子剧团当时的盛况还是柏壁基家无意间促成的。 童子剧团原是都德王朝支持的儿童合唱团，有时在歌唱教师的指导下也演些宫廷剧，这儿童合唱团就叫做"皇家教堂儿童"。 1600年，有位亨利·伊凡斯重组新团，保留原名，却不再有皇室的支持，而成为完全的商业组织，以赢利为目的。

这个"教堂"剧团的赞助人是牛津伯爵，由于演员清一色是童子，所演的戏也多半吸引较高阶层的观众，因此布莱克·弗莱尔的居民便未反对。 "教堂"原先演出的地方因为改成了私人住宅，而柏壁基家的戏院却仍空着，伊凡斯便于1600年与理查·柏壁基签约，以一年40镑的价钱租下了他的戏院。

莎士比亚
Shashibiya

《哈姆雷特》剧照

　　"教堂"剧团只售坐票，不卖站票，没有像"环球"或"财富"这种大戏院里那种因陋就简的圆形剧场的气氛，因而吸引了较多文化水准较高也较富裕的人们。 这种童子剧团表演的重点在音乐上，他们使用风琴、琵琶、潘多拉、曼陀林、小提琴和横笛来演奏。 据一位四处游历的公爵说，"除了米兰的修女外"，他再没听过比这更好的歌唱了。

　　在亨利·伊凡斯重整"教堂儿童"之际，艾德华·皮尔斯也重组圣保罗教堂的歌唱班。 起先他们演些原有的老戏，却发现实在过时太久，因而网罗了一些如马斯腾、江生和柴普曼之流的人来为他们编写戏剧。 三重子剧团给予作家们较多发挥的自由，不像在汉斯洛严酷的商业眼光下没有施展的余地。 伊凡斯甚至还鼓励作家们采用嘲讽和煽动感情的手法，而布莱克·弗莱尔的"教堂儿童"一方面卖座鼎盛、座无虚席，另一方面则常与"剧检处"纠扯不清。

　　1601 年初左右，江生和马斯腾及汤玛士·戴克两人闹得不欢，马斯腾为保罗童子剧团写了一出戏，剧中对江生加以羞辱。江生于是也写了出《劣等诗人》，对马与"大臣"剧团中的好些演员大肆抨击；戴克因此又为"大臣"写下一出《滑稽诗人解衣》还以颜色。不过一两年后，这所谓的"戏院之战"渐渐便销声匿迹了。

莎士比亚在《哈姆雷特》中曾提及这场"战事"，不过却未表示倾向于哪一边。哈姆雷特明智地建议说，童子演员不该怂恿他们的剧作家攻击成人演员，因为他们总有一天会变成成人演员的。果不其然，在十年之内便有好些童子演员加入了"环球"戏院的"大臣"剧团。

17 世纪初，几乎每个重要剧作家都曾为童子剧团写过剧本，并且都很尽心尽力。唯一的两个例外是汤玛士·赫伍德和威廉·莎士比亚。

赫、莎两人都是成人剧团里的股东，莎士比亚或许是为了忠于自己剧团的关系吧。即便不是如此，他也未必会替童子剧团写戏，他不同于江生，对伦敦的普通戏迷丝毫未存轻蔑之心，他也无意只为一小群特殊身份的观众编写剧本。莎士比亚习惯于一大群兴奋、毛躁的观众，他们辛苦赚了钱来看戏，若是他们觉着枯索无味，他们可按捺不住，立刻就要表现出来让你晓得。

莎士比亚的观众不会厌烦他，而莎士比亚似乎也不会厌烦他的观众。

得到新国王的赏识

聪明人变成了痴愚，是一条最容易上钩的游鱼；因
为他凭恃才高学广，看不见自己的狂妄。

——莎士比亚

小有财富的地主

在和"大臣"剧团同辈一道工作的这些年中，莎士比亚在伦敦一直居无定所，租住别人的房子，而无自己的产业。

莎士比亚初入"大臣"时，住在伦敦城东端的圣海伦区里，算是戏院的邻近地区。 圣海伦是伦敦最贵族化的教区之一，以有许多美丽的房屋著称。

莎士比亚星期天一定要上圣海伦教堂去做礼拜。 教区里人人都发有金属识别物，星期天都得交到圣餐桌上，不然后果严重，因为这样立刻便会成为政治嫌疑犯。 圣海伦教堂哥特式的塔尖从泰晤士河边就可望见，那里的墓碑和纪念碑之多，仅次于西敏寺。

此时英国的税收都由教区经手，1593 年莎士比亚便被列在圣海伦的税收名单上。 1596 年在他这一教区中共有 73 名需交赋税的居民，而莎士比亚的物品被列为值 5 英镑。 这么看来他竟不像是个大牌演员呢。 不过当地最富的人所得的估计，也不过 300 镑，再说理查和库斯柏特两兄弟在圣李奥纳教区所得的估价比莎士比亚还少呢！

政府的政策是低估财产价值，而高定税率。 1597 年，莎士比亚应缴 13 先令 4 便士的财产税，税率达 13％。 税务人员要收税也并不简单，因为伦敦的人口流动性大，圣海伦便约有 1/5 的

税是收不到的。 像莎士比亚便欠下了最后的 5 先令。

1599 年，政府决定一定要收到莎士比亚的税款，调查结果却发现他住到克林克的立柏提去了，已属于温彻斯特主教的辖区。

莎士比亚可能是在"环球"开张后，便越过泰晤士河搬到克林克的立柏提的。 这克林克的立柏提便是真正的剧院区了，虽不及圣海伦高级，却也热闹得多。

立柏提是骚瓦克三区之一，伦敦城认为骚瓦克附属于泰晤士河对岸的区域，骚瓦克却自认是独立的自治区。 立柏提早先的名声不好，伦敦大部分妓院皆在此地，并且不得不特别另辟"单身女子墓园"。

莎士比亚搬到立柏提时，该地是已不似从前那般声名狼藉却依然热闹的地方，因为这里戏院群集，像"熊花园"、"玫瑰"和"环球"全都在立柏提近"少女"巷的地方。 这区里唯一真正尊贵的建筑便只有温彻斯特主教堂皇的官邸，它耸立于立柏提的东界上。 立柏提的屋宇盖得很密集，但是地方多是租来的，而且全区里大、小沟渠星罗棋布，以桥相通。

渠中水位随泰晤士河水涨落而升降。 此地居民三分之一以上是船夫，共有数百条小船来回在泰晤士河中摆渡，主要靠河维生。

这些小船是伦敦和骚瓦克之间主要的交通联系。 从伦敦这头渡到立柏提或"巴黎花园"仅需 1 便士，在骚瓦克这端且有许多登岸的台阶，以供川流不

环球剧院遗址

息的顾客使用。 据说这些渡船"装饰漂亮"，有"刺绣的坐垫铺在座位上，或坐或倚都很舒服"。 此外"……椅子只能并坐两人"，这对于双双对对上骚瓦克来看新戏的年轻人，可是额外

的好去处。

骚瓦克的船夫和从事戏剧业的人们不仅给当地增色不少，在经济上他们也相互依存。从伦敦这头渡河到骚瓦克必须便捷、便宜，像"环球"这样的戏院才会有钱可赚；而渡船更是依赖戏院的顾客为生。"环球"是漂亮的新戏院，吸引了众多的观众，因此有更多的船夫得以执业，他们"希望这金色的繁荣持续到永远"。汉斯洛把"财富"建在靠伦敦这边的河岸，"船夫公司"认为这是黑色的阴谋；在以后的 10 年里，船夫们甚至绝望地向政府陈情，要求强迫演员留在泰晤士河骚瓦克这端。

船夫们估计每天约有三四千人渡过泰晤士河前往"环球"、"玫瑰"和"天鹅"。

教区里的教堂是"圣救世主"教堂，位于"环球"之东，在温彻斯特主教官邸另一头，几乎成了演员教区。像汉斯洛和女婿阿林都是"圣救世主"的教区代表，汉斯洛还成了教会职员，处理事务、产业及金钱。莎士比亚的演员同仁——奥格斯汀·菲力浦斯住在该地，三个孩子就在"圣救世主"施洗；汤玛士·柏普在此地上教堂；另有一个同仁葬在教堂墓园里。莎士比亚最小的弟弟艾德蒙于 1607 年去世，年仅 27 岁，也是演员，也"葬在教堂里，于午前敲响那口大钟鸣丧"。"圣救世主"的钟是有名的，为艾德蒙敲钟要花 20 先令。

骚瓦克除了美丽的教堂、庄严的主教府邸，还以旅馆好、监牢多著称。骚瓦克有 5 所监狱，由于伊丽莎白时代的人进出监狱是常事，因此这 5 个地方也就"狱中客常满"了。莎士比亚几个过得去的朋友，如理查·昆尼、亨利·华克等人都曾进出过监狱。

史特拉福有皇室特许，实行自治。1601 年，买了华维克伯爵的史特拉福采地的艾德华·葛烈维尔爵士，坚称他有权任命史城市集的收税官。理查·昆尼自狱中获释，立即与城中最老的 4 个居民研商，接着便携了文件匆匆赶赴伦敦，在高等法院第四期的开庭期中，递上诉状。

4位老居民之一正是老约翰·莎士比亚。老莎自1553年便落户在史城汉里街,现已有半世纪之久,他还记得年轻的爱德华王将特许的自治权赐颁史城的那档子事。虽然年已70余,但他对自身的权利还是很注重的。多年不问政事的老莎,这次是最后为桑梓效力了。他与阿德利安等人共同草拟了诉状,控告艾德华·葛烈维尔爵士。数月之后他便过世,于1601年9月8日落葬史城。

圣救世主教堂

现在由威廉·莎士比亚继承他的"绅士"名分,成为一家之主,负责莎家在史城的一切事物。他继承了汉里街父亲的两栋房子,将东边那栋租给一个名叫路易斯·希柯克斯的人,此人不久便把该屋改装成客栈,店名"少女"。另外一幢,莎士比亚将它租给了小妹琼,她嫁给了一个叫威廉·哈特的制帽商人,且已生下头胎儿子。莎士比亚总觉得那房子该属于琼的才对,因此在遗嘱中让她终生居住,每年只象征性地收一点房租。

老莎殁世时,莎士比亚做"新宅"主人已有四个寒暑。也许是鉴于父亲平白损失母亲土地的教训,莎士比亚对于不动产的交易总是小心仔细,不敢轻忽。"新宅"的购置颇为离奇,卖主于售出给莎士比亚之后,被长子毒毙。这逆子问吊不说,卖主产业没收充公,至卖主的幼子成年之后才付了一笔钱将之收回。莎士比亚即刻便出了一大笔钱,请该幼子确认"新宅"属于他,其实这可能是多余之举,却可看出莎士比亚之谨慎。

1602年,莎士比亚收到了"新宅"的让渡书。这时,他又买了史城更多的不动产。5月1日,他向当地望族库姆家人买下了107英亩土地,成为当地最大的地主之一。

莎士比亚故居

　　莎士比亚所购系史城四周农地的一部分。 这些农地分割成许多窄窄的长条土地，租给各种各样的佃农比邻而耕，田租不再付给采地之领主，却付给不同的地主。 把土地分割成这许多细长条固然是一种土地的浪费，却是中世纪的传统，反对也没用。

　　莎士比亚从库姆家买的就是三百余块这样长条形的土地，一次付清现款320镑。 因为他自己不在史城，因此由弟弟吉伯特经手处理。 9年后，他又自库姆家人手里再度买进20英亩的土地。

　　1602年9月底，莎士比亚又在教堂巷买下一栋小屋和1/4英亩的土地，就在"新宅"对街。 由于是华维克伯爵夫人的领地，因此莎士比亚还上了法院，在庭上保证只要拥有该项产业一天，每年一定都会付给她2先令多一点的象征性租金。

　　莎士比亚在社区里的地位应该是很使史城的莎家人感到满意的，而就一个伊丽莎白时期的戏子而言，却不是什么不寻常的事。 在莎士比亚剧团中领衔的演员，如何明基斯、柏璧基、菲力浦斯和柏普都获颁赐纹徽，属于贵族阶级。 同时莎士比亚剧团里的演员个个都小有财富，而且大多数都有投资并购置产业。

对于靠着"一便士一便士的俭省和长期演戏"而致富的演员们，当时颇受一些攻击，至于"买地又获晋升为士绅"的演员则更受评议。 1603 年，有位亨利·柯罗士就做了十分猛烈地攻击，责备那些去看戏、让演员成富翁的"愚蠢而脑子有病的群众"。 "这些身着红铜色饰边的绅士们变富了，靠着荒淫的戏剧买田又买地"，傲视着出身比他们好的人，威胁到社会大众的生活。 柯罗士本身一定也一度是戏迷，他说："他们不只说漂亮话来制造气氛……以变化的欢乐来喂饱眼睛，而且……在两个小时里飞度了许多年，从这国奔到那国，因而心中期盼着结局……可是，听演说和做礼拜时，理性受到了禁抑，则昏昏欲睡，由此可见吾人坠落的天性。"柯罗士并说他"看戏时全神都贯注在欢乐上"，这些的确都是观众们看《哈姆雷特》时的感受，也说明了莎士比亚剧团之所以赚钱的原因。

"大臣"剧团里没有一个人富得像"上将"阿林。 阿林几

哈姆雷特城堡

乎称得上是伊丽莎白时期的富翁。 他除了在遗嘱中留下了2000镑之外，还用了五倍这样数目的钱来兴建杜维区学院和好几处救济院。 阿林也获颁有纹徽。 他的钱并非全靠演戏赚得，他还做不动产投资、制造糨糊、经营犬熊格斗的游戏场所等。

伦敦没有哪个戏班像莎士比亚的剧团一样，一直都有可敬的一群演员。 虽是演员，他们也成家、也赋税、也勤奋工作。 而且"大臣"的人似乎从未进过监牢，这在伊丽莎白时期的伦敦几乎是奇迹了。 通常演员入狱，或为债务，或因上演的戏触怒了政府，不过"大臣"的人从不欠债，在政治观点上也十分保守。只有一次，"大臣"剧团几乎为了政治的事情而惹来横祸。

莎士比亚曾写有《理查二世》一剧，就与它相关的这一系列的历史剧的整个政治观点而言，并无错误。 只因为理查二世的情形特殊，而使莎士比亚左右为难。 理查的王位为亨利四世所篡，但亨利四世却是光照四海的贤君亨利五世之父；然则理查继承的是正统，在都德王朝眼里，篡夺正统王位罪大恶极。 莎士比亚把重点放在理查不适于统治的弱点上，即使这样也难合都德的理论，因为他们认为所

理查二世

有的统治者都是真命天子。 1597 年《理查二世》出版，略去了理查被黜的那段。 该剧本在伊丽莎白统治时期共出版 3 次，5年以后女王过世，罢黜的那场戏终于加印进去。

省略的多半是皇室剧检部门的命令。 伊丽莎白认定理查二世的被黜正是历史的前鉴，会激起臣民的仿效。 她心里所想的人是艾塞克斯伯爵。 一个无心的律师写了一本关于理查王败亡的书，糊里糊涂地便献给了艾塞克斯伯爵，结果这本书的销售量奇佳。 枢密院立即传召与该书有关的所有人员，而该书在出第

二版时，献给艾塞克斯的字样便抹去了。这时为1599年，艾塞克斯正蒙女王恩宠，要前往爱尔兰平乱。

理查二世

伊丽莎白是个机敏的政治老手，对艾塞克斯的政治动向，她的观察没错。艾塞克斯是个阴沉的青年，一向被娇宠惯了。他长得极为俊美，晓得伦敦人民都喜爱他，自以为能够玩弄年老力衰的伊丽莎白于掌股之上。1601年，艾塞克斯一度失势，他处心积虑地想要重邀圣宠。

不幸的是艾塞克斯的谋士们成事不足、败事有余。他们以为伦敦市民是个火药匣，一点即燃。至于这个星星之火，他们觉得便是让"大臣"剧团在"环球"演出莎士比亚的《理查二世》。"大臣"借口该剧已过时，不能吸引观众，以无法负担演出的费用作为搪塞。可是艾塞克斯的人登时便给了"大臣"剧团40先令，"大臣"剧团于是答应于2月7日星期六那天演出《理查二世》。

艾塞克斯这批人星期六吃了晚饭，便划过泰晤士河，前往"环球"观赏"理查二世遇害"一剧。他们以为到了星期天便会群情沸腾。圣保罗教堂讲道一完，艾塞克斯便率领了200青年，藏剑于斗篷中，穿过伦敦大街小巷，呼请居民武装起来。艾奔至行政司法官处，不料此官见他前来，毁了接应的诺言，由后门开溜了。伦敦人确实对艾塞克斯情有独钟，却还没到支持他来反叛伊丽莎白的地步。是晚约10时许，所有和此次叛逆行动有关的人都投降了，艾塞克斯一党悉数下狱，追查的工作立即开始。

伊丽莎白女王

　　"大臣"剧团的人推举奥格斯汀·菲力浦斯做代表，去接受政府的侦讯。 所幸"大臣"之政治记录一向清白无瑕，而且他们又是伊丽莎白最宠幸的戏子，政府相信他们是无辜的。 莎士比亚和团员们两星期后又在女王御前演出，好像压根儿就不曾发生过这个事情。 四旬斋开始的前一日，"大臣"在"白厅"演出后，宫廷的圣诞季表演就算结束了。 就在这天，伊丽莎白签发了艾塞克斯伯爵的处死令，他便在次晨枭首身亡。

　　此刻，伊丽莎白已年近 70 了。 她仍然骑马走长路，后头拖着老大不情愿的宫廷贵人们。 1602 年有个见过她的公爵说，她走路仍然像个 18 岁的少女。 1603 年 1 月的最后一天，伊丽莎白在冷风凄雨中赴利奋蒙去看"大臣"演戏，就再未返回伦敦。

　　3 月 19 日女王病危，所有戏院关闭。 伊丽莎白坐在垫椅上，两眼直视，一语不发。 她一生瞧不起药物，榻前 12 个御医踌躇沉吟，没有一个能劝得动她服些药的。 最后她上床面墙躺

莎士比亚
Shashibiya

下，依然不发一言。 她最后的手势是不让跪在榻旁的惠特基福特主教起来，要他继续祈祷。 接着她睡沉了。 1603 年 3 月 24 日凌晨 3 时，女王于睡梦中驾崩。 伊丽莎白的时代结束了。

王恩宠遇有加

英国的新统治者是苏格兰的詹姆士，继位成为英国国王詹姆士一世。 伦敦人都觉得要欢迎一个国王，非常新奇，因为 50 岁以下的人全不记得英国在什么年月曾有大男人坐在王位之上了。 伊丽莎白崩逝之初，由于她不肯指定王位继承人，人们一度担心会有动乱，甚至内战。 等到王权和平地移转到她的至亲——苏格兰王后玛丽之子手中，伦敦人才大大地松了一口气。

詹姆士一世

詹姆士是个意志坚决的作家，曾写过许多诗，也写过好几本书。 他不似伊丽莎白，他的作品全都出版公诸于世。 继位为英王之后，詹姆士依然写作不辍，爱书成癖。

詹姆士没有母亲的姣好，也没有背脊挺直的伊丽莎白女王的优雅。 他的双腿软弱，没有旁人协助不能行走。 他没有王者的威仪，感情用事，好窥伺，又少尊严。 不过，他却给了英国 22 年持续不断的繁荣。

莎士比亚和他的同行们最关心的就是不知新主对戏院的态度如何。 这时伦敦新教徒的压力正不断增加；而詹姆士自幼在苏格兰教会中长大，这教会是强烈反对戏剧的；同时在他写给儿子的劝诫书中，也只提过一次演员："莫以常与喜剧演员厮混为乐。"

詹姆士一世

詹姆士·斯图亚特（1566年6月19日～1625年3月27日），16～17世纪英格兰国王，史称"詹姆士一世"。

詹姆士一世是苏格兰女王玛丽·斯图亚特与第二任丈夫达恩利伯爵亨利·斯图亚特所生的唯一儿子。出生后5个月，其父死亡，其母遭苏格兰贵族驱逐，流亡英格兰。1567年，苏格兰贵族废黜玛利·斯图亚特，詹姆士被立为国王，称詹姆士六世，由几个大贵族摄政。1583年，詹姆士六世亲政。1587年，其母

詹姆士国王

伊丽因卷入暗杀英格兰女王玛丽莎白一世的阴谋而被处死。同年，詹姆士迎娶丹麦国王腓特烈二世的女儿安妮公主。1603年，英国女王伊丽莎白一世指定詹姆士为其继承人后去世。詹姆士即位为英格兰国王，自封为大不列颠王国，史称詹姆士一世，时年36岁。1625年，詹姆士一世去世。

詹姆士一世学识渊博，但为人懒散刻板，被称为是"基督教王国中最聪明的笨伯"。1598年写作《自由君主制的真正法律》。该书既反对加尔文主义的反君主观点，也反对教皇的最高权威。詹姆士一世不了解英国议会，看不起议会下院，他上任后，大力鼓吹君权神授论。1611年，他第一次解散议会。在执政后期18年里，王子查理和白金

汉公爵乔治·维利尔斯操纵朝政。

詹姆士一世有佝偻病,走路像卓别林演的角色,学究气重,迷恋打猎,一想到国务就懒散,选择的枢密院官员不够明智,不懂英国社会和政府,喜欢在议会和宗教反对者面前长篇大论,生活穷奢极欲。他在任期间没有什么突出的贡献。

谢天谢地,新王对戏剧彻头彻尾地喜爱,他对戏子们的看法也全未受他生长环境的影响。詹姆士在苏格兰时曾经为他钟爱的演员劳伦斯·弗烈却而与爱丁堡市发生严重冲突。爱丁堡的教会执事和城中长老们不肯让弗烈却在城里觅屋演戏,结果詹姆士硬是强迫他们屈服了。他即位后,立刻任劳伦斯·弗烈却为"国王"剧团的团主。新剧团的特许状颁发于 1603 年 5 月 17 日,即国王抵达伦敦后十天,真是及时。

那唤做"国王"剧团的新戏班,其实只是旧的"大臣"剧团多加了个弗烈却罢了。弗烈却之下第二个名字便是威廉·莎士比亚,其他列于特许状上的演员还有理查·柏璧基、奥格斯汀·菲力浦斯、约翰·何明基斯、亨利·康德尔、威廉·史莱、理查·柯里以及罗伯特·阿敏。

阿敏是在"环球"建好后不久、威尔·甘普退股时加入"大臣"的,是"大臣"的主要喜剧演员。除甘普之外,未蒙皇恩之前即已退出"大臣"的还有乔治·卜莱恩。他到宫中担任侍从官,还在伊丽莎白的葬礼上服务。另外一个是汤玛士·柏普,他可能于 1603 年退休,而于次年过世。

"大臣"成为"国王"剧团后的两年,奥格斯汀·菲力浦斯也谢世了。剧团里每个人都在他的遗嘱中列名,分得了一些遗产。像柏璧基、何明基斯和史莱是遗嘱执行人,各得了一只银碗,莎士比亚和康德尔则各得了 30 先令的黄金。

皇室的恩许使得莎士比亚的剧团成为全英国最显赫的剧团,这样的情况一直无有匹敌,直至詹姆士统治期结束。有政务大臣撑腰,已经是受用不尽了,现在更在国王的直接恩宠之下,受

伊丽莎白女王

用之处自然更多。 詹姆士平均每年看戏的时间为伊丽莎白的 5 倍，其中多半系由莎士比亚剧团献演。

王室一家都是大戏迷，伦敦第二大剧团便由詹姆士之妻所支持，是为"安王后"剧团。 这是个新的戏班子，威尔·甘普是头牌演员，汤玛士·赫伍德是其头牌剧作家，一度由汉斯洛提供经援。 过去一直是"大臣"劲敌的"上将"，现在居于第 3 位了，由亨利王子襄助，他是国王的长子。 真正演出时，则三剧团交互在宫中表演，各有自己的拿手好戏，而詹姆士一家是一剧也不放过。

安王后尤其是个百看不厌的戏迷。 在苏格兰时，她喜欢搅和政治，为她老公所阻。 她身上的主要资本一是和悦易处的态度，一是漂亮的肤色。 若是生在 20 世纪，她一定成天看电影、打桥牌、上美容院，快活透了。 可是在 17 世纪，她就只能去看戏。 有封现存的信里提到"没有一出新戏是王后不曾看过的，不过，他们重排了一出旧戏，叫做《空爱一场》"。

新王加冕的计划使得大批游客于1603年初夏拥进了伦敦。为了游行建了看台，并准备了演说。客栈和剧院日日挤满了新客。人人都忽略了一个事实，那就是人满为患的伦敦城里，瘟疫又在潜生暗长。天气渐热，疫病肆虐益厉，最后当局再不能坐视不管了，7月13日，瘟疫令终于下达于各教区中。25日詹姆士加冕，一般大众皆不得参加，而此时每星期在伦敦地区里，便有1100余

《空爱一场》海报

人病亡，其中有班·江生7岁的儿子。

到了仲夏，伦敦几乎成为鬼域。不得不留在伦敦的人走路时都特别留神走在道路中央，一边嚼着橘皮，或抽着烟草。被认为有防治效果的迷迭香，由原先一大包12便士的价格，陡升为一小束要6先令。

伦敦的戏院自然全都关闭了。"国王"剧团开始了漫长的巡回演出，最远北达于考文垂，最西则抵于贝斯。11月底之前，他们已经离家门较近了，在萨里（英格兰东南部一郡）的摩特雷地方，他们接到消息，要他们到詹姆士御前演出。此时，国王在威尔特郡，住在潘布罗克伯爵祖父建造的威尔登宫里。莎士比亚剧团于是在12月2日那天，在威尔登宫中，让詹姆士观赏了他在英国所看到的第一出戏。

威尔登宫原与文学便有牵连，现任伯爵之舅不是别人，正是菲力浦·席德尼爵士。伯爵的母亲就是为挽救英国剧运免于"粗鄙"，而在16世纪90年代大力引进罗伯特·贾尼尔的法国戏剧的潘布罗克伯爵夫人。

威尔登宫的献演开始了潘伯爵和莎士比亚剧团的情谊，他成了他们的好朋友，特别是对理查·柏璧基。 后来他获得任命为政务大臣，更是在职权之内，对他们百般照顾，难怪1623年何明基斯和康德尔出版全本莎士比亚剧本时，将该书献给"无以伦比的一对兄弟"——潘布罗克伯爵与其弟蒙哥马利伯爵。

舞台场景

　　詹姆士为威尔登的表演赏了"国王"剧团的人30镑，即使连路费也计算在内，这仍是极为优厚的赏赐。 詹姆士和安王后出手大方，花钱如流水。 他自己后来都说，他即位后的前两年半的时间里似乎有"过不完的圣诞节"。

　　该年，国王在汉普顿宫庆祝圣诞。 莎士比亚的剧团一如往常，于12月26日开演，一共在詹姆士御前演出4次、亨利王子殿前演出2次，并在星期天做2场表演。

　　亨利王子此时9岁，沉着、持重而丰仪，是标准的王子典型。 詹姆士王和安王后小时都病弱憔悴，可是他们的一双子女——亨利王子和伊丽莎白公主却美得如同神话故事里的金童玉女。 小儿子查尔斯则像双亲一般，而且不良于行。 可惜亨利早夭，伊丽莎白婚姻不美满，查尔斯最后被自己的子民砍了头。

1604 年 3 月来临前，伦敦的疫病到了尾声。 詹姆士没有前任统治者恢宏壮丽的气势，但有一点天性与伊丽莎白女王相同——爱好和平。 有个子民这样描述他：“国王宁可花上一万英镑派驻大使，以耻辱的方式来维持或获取和平，而不愿花十万英镑动用军队，光荣地强求和平。”

詹姆士急于结束对西班牙的冗长、拖延并昂贵的战事。 他一登基，便立即着手谋取和平。 西班牙派了卡斯底尔军官前来英伦谈和。 安王后让出了她在伦敦最好的索莫西宫，加装了最好的家具和华丽的绣幛缀锦，以接待西班牙大使。

卡斯底尔军官虽带有大批扈从，英国方面还是帮他准备好了许多本地的侍从。 一些“好性而高尚的人们”被选上了，其中有 12 名是戏子。 何明基斯和菲力浦斯收到 20 镑钱，“作为他们自己和十位同人的津贴”，因为他们担任“宫廷内侍和演员……在索莫西宫服侍西班牙大使，为期十八天”。

王家演员去充宫廷内侍并不是新鲜事。 3 月里国王加冕，王宫里大大小小人员都发了特别的制服，“国王”剧团的人也各发了一套（这回莎士比亚排名在首，弗烈却则为第三）。 这套制服包括有红色紧身上衣和斗篷，根据习惯，是每个在王室服侍的人都发一套。

卡斯底尔军官若是懂英文，国王的演员们一定会在他面前献演好戏，可惜他不懂，因此逑尼就为他安排了犬熊格斗和空中飞人的消遣。 演员们只穿着绣有金色国王代号的猩红色衣服，在索莫西宫里候遣。 那 12 名演员侍从除了充充场面外，大约也并不真有事可干，因为西班牙大使自己已经带来了 300 名随从。王室供给何明基斯等人食宿，每人且各发 2 镑钱作为报酬。

莎士比亚并不是穿上这种制服的第一位英国重要诗人。 理查二世举行的一次比武大会中，乔塞就曾穿着王家制服。 乔塞穿这玩意儿与他写诗无关，他是因为担任工程官，负责起建看台供比武之用而穿的。 莎士比亚也穿，是因为他是国王支持下的职业演员。 那卡斯底尔军官从不晓得，在索莫西宫曾经服侍他18天的人里有位剧作家，更不晓得后世人对他如此感兴趣，纯是由于莎士比亚曾经拿钱服侍过他。

西班牙大使在伦敦过得痛快极了，环城观光、大量购买，珠宝商都开出一条通往索莫西宫的路了。 和约签好之后，8月25日，大使终于离开伦敦，踏上归程。 英、西两国终于达成了和平。

莎士比亚和他11个演员同仁在索莫西宫从8月9号服侍到27号。 这似乎是他们第一次也是最后一次充任国王宫廷内侍了。 此后直至詹姆士统治期终了，他们的工作都只限于演戏。

卡斯底尔军官才离开英国，可乐肯威的飨宴处就开始为圣诞季节预备起来。 国王迫不及待地想看戏，因此决定打破传统，不在圣诞节那天，却在11月1日就开始圣诞季。 全季开锣戏的光荣自是非"国王"的人莫属。 这出开场戏定为莎士比亚的《奥赛罗》。

莎士比亚和团员们几乎让所有曾在宫廷里演过的戏都出笼了。 "王后"的人献演赫伍德写的戏，布莱克·弗莱尔的童子剧团演了一场柴普曼写的戏，"王子"的人那年则未受到邀请演出。

此外，另有两个业余剧团的演员也在忙着排演，一是潘布罗克伯爵的舞剧，一是王后和11名仕女们上演的舞剧，由江生编写剧本。 江生决

《奥赛罗》剧照

定让她们以摩尔人的姿态出现，穿上天蓝色和银色戏服，头发饰以羽毛和珍珠。 王后力求真实，要求每个人手肘以下的手臂都得涂乌。 负责训练这批贵妇摩尔人的官员不免会想，那负责"国王"的人运气未免太好了点，他只要看着一个摩尔人——理

《奥赛罗》剧照

查鲁柏璧基饰的奥赛罗，他这里却有 12 个。

《奥赛罗》在"白厅宫"的大"宴会厅"里上演。 这是幢古老的危楼，建于 1581 年，是木造房屋，屋顶是五彩缤纷的帆布，虽然布置华美，却是岌岌可危了。 詹姆士王于不久后拆平了它，另起了"非常坚实壮丽"的新"宴会厅"。 不过，1604年，莎士比亚的《奥赛罗》却是在这里演出的，而且也只有这部戏才在这儿演出。

11 月 1 日，詹姆士和宫里人所观赏的《奥赛罗》是以低鄙的通俗剧所提升成的大诗篇。 伊丽莎白末期，莎士比亚读到由吉拉第·辛提欧所搜集的一些故事，其中有个丑恶的故事说的是一个丈夫妒忌成疯，竟把妻子给谋害了。 我们这位随意不羁的大力泰坦神（天与地所生之子），撷取了这则血腥的老式故事，做了些他以为必要的结构上的改变，并加上了他宏伟的诗歌和栩栩如生的人物。

"国王"的人星期天还演了一场《温莎的风流娘儿们》，接着在圣史提芬节晚上又演出《恶有恶报》。 这又是另一则丑恶的故事，取材自辛提欧的故事集。 《恶》剧的女主角为救兄长性命被迫献出童贞，莎士比亚巧手安排了一下情节，让她躲过了这项交易，使故事快乐地结束了。 这出戏由局部着眼，写得很好，可是整体观之，则不够成功，因为这样繁复、机械化式的布局未能给予莎

《温莎的风流娘儿们》演出厅

士比亚充分刻画角色的余地。 大约就在同时，他又利用另一个意大利式的故事，写了《皆大欢喜》，这出剧更不成功，理由相同。 莎士比亚随兴所至选撷剧情的方式，难免有时教他阴沟里翻船，特别是有关中世纪的民间故事，常阻碍他展示刻画角色的才华。

"国王"的人演过《恶有恶报》后，下边接演潘布罗克伯爵的歌舞剧。 然后在婴儿蒙难节（12月28日，系追悼在伯利恒被杀之婴儿，见马太福音）晚上，"国王"的人再次演《错中错》。 再后来是赫伍德和柴普曼的戏。 然后"国王"的人再上了一出叫座的老戏《空爱一场》。 这时已是《第十二夜》了，于是12名贵妇摩尔人登场。

过后，又是"国王"的人表演，其中有两部是莎士比亚的。1605年1月7日，他们搬演《亨利五世》，忏悔星期日那天则演《威尼斯商人》。 詹姆士看了《威》剧之后龙心大悦，命他们再加演一场，时间在星期二。

詹姆士王曾在牛津大学看戏，大学里的师生倾注了大量的时间、金钱，甚至还搞了些昂贵的活动布景。 第一剧上演时，詹姆士就想离座而去，因校长极力请求而止。 第二剧时，他"说了许多不喜欢的话"，声音之大让人听得清清楚楚。 第三剧上场时，他就干脆不客气地呼呼入睡了。 詹姆士聪敏、严苛、非

常急躁，不是容易取悦的人，莎士比亚的剧团能使他开怀高兴，可以说是他们莫大的光荣了。

英国的新统治者在性情上不似伊丽莎白女王那样，对伦敦子民满心怜惜，但与每周成千上万拥向"环球"的戏迷们倒有一个共同点，那就是，他和他们都抗拒不了威廉·莎士比亚的戏剧。

投资经营产业

1605 年盛夏里，莎士比亚在史特拉福做了一次大投资。 7 月 24 日，他花了生平最大的一笔款项，付了 440 镑，租得了史城部分的什一税税收。

这个承购与当地威望的建立大有关系，因为拥有什一税的人就算得上是史城的重要人物。 早在 7 年前，理查·昆尼到伦敦，就有个史城的商人写信给他，说莎士比亚既然有钱投资，何不建议他投资什一税："获得它确会提高他的地位，而且对我们也大有好处。"

等莎士比亚最后终于购下什一税时，理查·昆尼却在一次劝架时遇害。 不过拥有什一税仍然是荣耀、声望的象征，因此，莎家从此在史城有了更崇高的地位。

什一税原是教堂所收之税，为维持牧师、教会而收，以年收农产品十分之一缴纳而名。 但在教会改革之前，教会就常把什一税出卖或出租给尘世的俗人。 1544 年，史城的"学院教会"把它的什一税租给巴克家人，租期 92 年。 巴克家人又将它转租他人，逐渐地竟又再分租给各式各样的人，莎士比亚买到手的只有全部税收的 1/8。 这次买卖使得莎士比亚有权收取旧史特拉福、威尔康及毕薛普登 3 个村落 1/2 的"玉米、谷物、烟叶、秣草"的税收，以及 1/2 的各种次要税和整个史城教区的羊毛税收。

莎士比亚花上 440 镑后，即有权收取这些什一税，至 31 年期满为止，那时全部财产便归由史特拉福财团法人掌管。 在此期间，莎士比亚必须年付 17 镑于财团法人、5 镑于巴克家人。这是个大好的投资方式，他能收回大约投资的百分之十，20 年之内这些财产的价值几乎多涨了一倍。 更何况，这项投资还带来了额外的社会地位；购买"新宅"使他在教堂里能有特别的座位，至于什一税的购得，则给了他一处特别的地方埋骨。 莎士比亚现在是个世俗的牧师了，他可以葬在环绕圣坛的围栏之内。

莎家在史城的地位越来越尊贵，人们也开始设法遗忘这家主人是个演员。 莎士比亚在史城不演戏，他是威廉·莎士比亚，是个绅士。

威廉·莎士比亚对城里的事情不太感兴趣，虽然他是史城的永久居民了。 1611 年，国会里提出整建公路的法案，史城 72 位大屋主都联名提出经济援助，其中有约翰·贺尔医生、汤玛士·葛林等，唯独不见"新宅"主人威廉·莎士比亚的名字。 他的名字添写于右边页边上，显然是事后追加的。 这是他唯一的一次插手地方事务，也可能署名之时，莎士比亚已到外地去了，回来之后才要求补上名字。

然而，在史城的记录里，莎士比亚的姓名真是出现得太少了，唯一的结论就是他对史城的事务没有兴趣，也不关心。

退休前，莎士比亚的名字曾两次登上史城的记录，都是为了讨债。 1604 年，他控告一位欠他 35 先令麦芽钱的药剂师——菲力浦·罗杰斯。 1608 年，他又控告一位绅士——威廉·阿登布鲁克，债款是 6 镑。 在史城，像他这样官司算是打得奇少的了，因为打官司是史城人讨还债款的寻常方式。

关于钱财的事情，莎士比亚丝毫不肯马虎。 1611 年，他再向库姆家人买了 20 英亩的放牧地，趁着高等法院第四期开庭期间，办妥了一份特别法律文件，以确定 9 年前他向库姆家买下的土地所有权。

购得史城什一税的共有 42 人，每年均需向亨利·巴克缴纳年费。 理论上，只要有任何一人没有缴付，巴克便可取消这 42 人对全部财产的权利。 小心谨慎的莎士比亚和 42 人中的一些人联名向掌玺大臣递上诉状，控告莎士比亚的一位好友——威廉·库姆。 威廉·库姆答辩说，他每年都付给巴克 5 镑钱，而且还愿意稍稍多付一点，同时他还与莎士比亚及另外两人联合请求庭上，务使什一税的拥有人能对钱财做更合理的分配。

这场官司在友善的气氛中进行，而莎士比亚与库姆家人也一直维系着情感。 除威廉外，威廉的侄儿约翰·库姆，乃至约翰的侄子汤玛士·库姆都和莎士比亚保持友好关系。 约翰·库姆 1614 年去世，还在遗嘱中留给莎士比亚一大笔遗产。 而莎士比亚谢世后，把自己贴身的一口宝剑赠予汤玛士·库姆。

莎士比亚大部分的朋友似乎都是有地有宅的士绅人家，像纳许两兄弟便是，莎士比亚在遗嘱中各留了一枚纪念戒指给他们。家境较富的安东尼·纳许有子名汤玛士，后来娶莎士比亚的外孙女为妻。 莎士比亚在史城的另一位朋友是汤玛士·罗素先生，他是地方上的要人，莎士比亚请他作为遗嘱监督人之一。

1613 年 3 月，莎士比亚又投资不动产，这也是他第一次在伦敦投资。 他在布莱克·弗莱尔以 140 镑的价钱向一位叫亨利·华克的音乐家买了一幢有院落的房子，离"国王"的戏院 600 尺。 詹姆士统治初期，华克只花了 100 镑购置这幢房子。在布莱克·弗莱尔这般时髦的住宅区里，房地产价格是会不断上涨的。 莎士比亚把房子买下后，便租给叫约翰·鲁宾生的人了。 此人从前曾与人联名不让詹姆士·柏壁基在布莱克·弗莱尔建戏院，可是如今年头不同了，鲁宾生也只有将就着住在戏院隔壁了。

布莱克·弗莱尔产业的购买可能是莎士比亚置产手续最繁复的一次。 他提出 60 镑的抵押作为部分的付款，并且找了 3 个财产信托人，其一是约翰·何明基斯。

莎士比亚花这么大功夫找 3 个财产信托人，目的就是不让安·莎士比亚在自己身后以寡妇身份继承遗产。 在史城是毋须这么费事的，因为当地寡妇并不能继承亡夫财产，只有在伦敦才有这项习俗。 莎士比亚如此特别安排，便是限定由长女苏珊娜来继承。

由莎士比亚的遗嘱看来，他是打定主意要把自己所有财产完整无损地留给一位男性继承人，他不愿辛苦保护的土地分散到外人手中。

莎士比亚这样做，大概是因为奥格斯汀·菲力浦斯的例子让他心惊。 菲于 1605 年亡故后，寡妻改嫁，且继承了"环球"的股份。 岂料新丈夫吃她的用她的，却不顾她母子的生活。 后来安·菲力浦斯死了，还是何明基斯收的尸。 而这新丈夫竟更进一步提出诉讼，要求继承"环球"股份，柏璧基等人花了许多钱与他缠讼许久，才算解决。 莎士比亚是预防旧事会重演。

1615 年，莎士比亚为了保护两年前在布莱克·弗莱尔买的不动产，又和别人一起在高等法院里进行诉讼，对方答应将必要的文件给予每个地主。

威廉·库姆在威尔库姆有些农田，他想改变成牧地养牛，这便意味着佃农们将不再付什一税了。

威廉·雷普林汉是库姆的律师，他和与此事有关的莎士比亚及汤玛士·葛林接洽，商讨此事。 1614 年 10 月 28 日，三人达成协议，威廉·库姆这一方保证绝不会因为把土地围隔起来而致使莎、葛两人蒙受任何经济上的损失。 库姆打算对史城的财团法人也如此照做不误。 他是真心而急切地希望在不伤和气的情况之下，在自己地产四周掘壕，开始养起牛群来了。

史城对库姆的提议反应强烈。 史城议会觉得他们若是允准，无疑是背叛子孙。 这件事情结果演变成全城的事情，议会居然议决用城里的税收来支付威廉·库姆打官司的费用。

库姆曾一再表示，他把土地围起来，史城并不会有金钱损失，甚至还有实利可赚。 然而事情触礁的根源不在经济上，却在感情上。 对一般村民而言，"围隔"一词就是强取豪夺的地

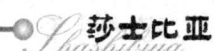

主，要把他们承租的小块小块的公田变成牧地，把面包强从无辜人们的口中夺走。这种中世纪的佃农方式非常不切实际，土地的利用情况也很差。

汤玛士·葛林觉得自己进退两难：已经和莎士比亚与雷普林漠签下了协议，而自己又是史城的法律顾问。1614 年 11 月 17 日，葛林去找先一天已经抵达伦敦的莎士比亚商量，莎士比亚似乎并不感到烦恼。

12 月 23 日，他们开了大会，拟了两封信，分别致莎士比亚和为库姆工作的亚瑟·孟华林（给莎士比亚的信现已不存）。在给孟华林的信里，议会表示史城有 700 名穷人必须靠租公田过活，假使"围隔"成功，便会有各种悲剧发生，希望收信人能有"基督徒的思想"，改变原意，庶使这些贫户免陷于绝境。莎士比亚所收信之内容应是与此信大致相同。葛林也送了封信给莎士比亚，说明开会、议决的情形。

莎士比亚对这两封信似乎无动于衷，对此是非也没多大兴趣。还不到正月，威廉·库姆本人情绪已经十分激动，开始在自己土地上挖掘沟渠。而史城议会也不甘示弱，把它们又都填平了。这个案子一直打到伦敦的法院去，结果库姆败诉，被处以巨额罚金，并奉命将土地恢复原状。

流芳百世

要是你做了狮子，狐狸会来欺骗你；要是你做了羔羊，狐狸会来吃了你；要是你做了狐狸，万一骗子将你告发，狮子会对你起疑心。

——莎士比亚

莎士比亚
Shashibiya

自由写作的风格

1604 年复活节后的星期一，"国王"剧团重开了"环球"剧院，可是瘟疫已经教戏院关去了一年中的大好时光了。"王子"的人返回"财富"。 不久之后，原先使用"剧幕"的"王后"剧团，在可乐肯威另起了炉灶，叫做"红牛"。 这样，莎士比亚的剧团就成为骚瓦克最重要的戏班子了，此后在詹姆士在位期间里，他们一直是众所公认的河岸霸主。

詹姆士国王在 1604 年 2 月里已经给了柏壁基 30 镑钱，"作为他自己和剧团里其余人的维持和救急之用……至城中健康状况转好为止。"剧团里一定是需钱用的，不管"环球"开不开业，租金可得照付不误，而且停业之前，"国王"还推出了一部苦心经营、投下巨资的戏，结果卖座率奇惨。

这出戏是江生的《西加纳斯》，演员阵容浩大，柏壁基和莎士比亚都是"领衔的悲剧演员"。 本来上演这戏是想吸引前来观看加冕典礼的群众，可惜江生的剧作学养太高，太做作，不能被大众戏迷所喜欢。 《西》剧是江生所写的首出重要悲剧，他原意是要以不折不扣的塞尼加为范本，来写一部古罗马悲剧，以履行所有真正的"悲剧作家的职责"；而且他似乎也是要让写《尤力乌斯·恺撒》的粗心作者见识一下，看看一位饱学而用心的剧作家在遵守写作规则的情况下所能达成的效果。

莎士比亚在《西》剧里担任什么角色不得而知，不过这也无关紧要，因为剧中所有角色都是一样的没有个性。何况，莎士比亚早已习惯了在各种好好坏坏的戏里演出。

莎士比亚就是因为他随遇而安的性情，偶尔会让像江生这样易紧张、好讲理论的人恼火。江生曾告诉过朋友说，莎士比亚缺少"艺术"。江生口中的艺术指的就是文艺复兴时期那种拘泥刻板的伪古典主义理论，他说的还真对。莎士比亚从不特别尊崇什么理论的，在他尝试写作的期间里，也模仿过一些古典的典范，但是以后就再没有管过法则不法则了，只要是适用他当时写作的故事的戏剧技巧，他就采用。

要形容莎士比亚不应该用"艺术"，而要用"自由"。他有自己的一套，有自己的法则。詹姆士登基时，莎士比亚已是各种舞台技艺的专家了，而且亦是各种语言技巧专家，自有一股滔滔滚滚的力量，流辟出自己的川渠。

这并不是说莎士比亚对江生的理论不感兴趣，其实他对什么都有兴趣，而且在这段时间里，他一定也常和江生见面。"环球"重开以后，"国王"演出了江生的《沃尔朋》，是他第

中世纪舞台

一部真正成功的古典喜剧。这是江生首次把自己的理论运用到舞台上，让每个角色都有一种独特的"癖性"。

大约也就在此时，莎士比亚试写一部古典背景的戏剧，其中各角色各自象征一种心性。这戏叫做《雅典的泰蒙》，主角是个憎恶人类的人。"憎人狂泰蒙"是文艺复兴时期家喻户晓的名字，有着"怪异而残酷的天性"。不晓得莎士比亚怎么会被

这般僵拗、不自然的人物所吸引，但是他显然很快就厌腻了这个情节，因此再也不费心注意它了。

莎士比亚这时还做了另一项试验，写了部或可称为"经营完善的戏剧"。 故事取自普鲁塔克，这回他对骄傲的危险做了一番漂亮、精细的研究。 一个功夫到家的演员在这出《柯利欧雷诺斯》的戏里是很有发挥的余地的。 可是剧中主角的个性简化得太刻板了，不能表现出人的人性和真实。 因此，《柯》剧可以是观众们赞赏的一部戏，却不能打动他们的心。

于是，莎士比亚又挖掘了普鲁塔克的另一个故事，这次他的想象力可"着了火了"，结果烧出来的是《安东尼与克丽奥佩屈拉》。 江生对它一定是比对《尤力乌斯·恺撒》更不满意了。从文艺复兴的观点来看，《安》剧的确称不上是"经营完善的戏剧"。 它要换 32 个场景，以 16 世纪 80 年代席德尼所嘲笑的老式戏剧的技巧来涵盖整个古代世界。 至于克丽奥佩屈拉，莎士比亚全然不顾所谓主要"癖性"的理论，把她塑造成如哈姆雷特一样复杂而难以预测的个性。 克丽奥佩屈拉不是性格一贯到底的角色，却是个媚态动人的女人。

"国王"要演出《安》剧，遇到的是极为棘手的问题，因为这出悲剧中的主角是女人而非男人。 因此对饰演克丽奥佩屈拉的演员而言，是对他演技最严峻的考验。 莎士比亚让克丽奥佩屈拉以台词或其他演员的评论来表达出女王对安东尼的炽情。有时，莎士比亚甚至放心大胆地相信，他的演员已经被观众遗忘了"他"并不是女儿身，竟至让克丽奥佩屈拉提到罗马那些"吱吱尖叫"的童子剧团。 这个大魔法师晓得自己要做的是什么，而他的魔法也没使他出洋相。

普鲁塔克并未使莎士比亚忘却贺林虚德的《编年史》。 詹姆士登上宝座不久，莎士比亚就在《编年史》里找到了一个苏格兰王的故事，将它改头换面成一出上乘悲剧《麦克白》。

这戏的气氛是莎士比亚自己通过人物烘托出来的，因为在原资料里并无特别提示。 《编年史》里的麦克白共统治了 17 年，其间虽杀戮频繁，但大部分皆为"可敬的事情和高贵的行径"。

人们曾不断地提到，莎士比亚写《麦克白》是对詹姆士王的一种恭维。他曾写过一篇有关恶魔研究的论文。不过说它是对伦敦人的恭维也没错。"环球"的观众可以说没有一个不相信恶魔的法力的。像汉斯洛这么精明的商人，在日记上除了记载购置戏服、付钱给剧作家之外，还会记下一些

《麦克白》剧照

资料，比方说用蝙蝠血在羊皮纸上写下某些咒语，缚在自己的左臂上，便能随心所欲。

詹姆士王相信巫术，但他却比常人聪明，晓得有些人只是歇斯底里症患者，乘机作假而已。他登上王位后便立即揭发了一件这样的案子：在他统治结束前，还救了雷斯特一大批子民，证明指控他们行魔法的男孩弄假，使他们免于巫师的吊刑。詹姆士甚至不相信王者的触摸可以愈疾，初登基时他拒绝行这种"愈病的恩泽"，只因法国诸王侯依旧保留这个习惯，因此答应照做，作为一种策略。

莎士比亚不是喜欢吹捧王室的人，国王登基，大概就数他一个人没有涕泪交流，歌颂皇家的太阳照耀在英国之上。他若诚心礼赞詹姆士，应该写出更优雅、更美好的戏剧来，而不是这血淋淋的苏格兰悲剧《麦克白》。

1604年冬，"国王"的人演了一出真正颂赞詹姆士的戏，其

莎士比亚
Shashibiya

中有个演员还扮演詹姆士上台。詹姆士本人虽未表示反对，他的大臣们总觉不宜，这戏因此便停演了。

《麦克白》剧照

把真人真事搬上舞台的情形在伊丽莎白和詹姆士两朝都曾有过。作家们把自己讨厌的人以他的真实姓名摆到舞台上的戏里去，取笑他的"红胡子"或是"细小的腿"，这种情形更是司空见惯。

就由于这种恶习，哈姆雷特才会告诉波罗尼亚斯，要他小心对待演员们，"因为他们是当代的大事要略和简短的历史；在你死后恶名昭彰的墓志铭都未必强过活着的时候他们对你所作的恶评。"莎士比亚几乎是这时期里唯一不在戏里对当代的伦敦人评短论长的剧作家。

这时的剧作家们如柴普曼、戴克等人，都把戏剧的背景放在当时的伦敦。莎士比亚在詹姆士王朝统治期间里，从未以当代的伦敦为背景写过剧本。相反地，他从古苏格兰写到古埃及，当他写到一出关于英国的戏时，他却把时间放在史前的英国，取名为《李尔王》。

莎士比亚是个心性安定不下来的人，他试过舞台上各种可达成的效果之后，他又开始构思一场暴风雨的戏。《李尔王》于1606年揭开了宫廷里的圣诞戏剧季。当时要想找到一个演员能有扮演李尔王的声音和体力，真是谈何容易。但是"国王"里有理查·柏壁基。莎士比亚与柏壁基几乎是一块长大的，两人一道亲密地工作了10年以上，日日在一起切磋琢磨。柏壁基曾饰演哈姆雷特和奥赛罗而大获成功，扮饰李尔王应是驾轻就熟了。

《李尔王》像《哈姆雷特》一样，原是伦敦舞台上一出成功的戏，这部早期的《李尔王》至今仍然存在。原来的《李尔王》枯涩、文雅，主题纯净，紧随着贺林虚德的故事发展，没有像"弄臣"这样扰人的角色，最后一切圆满结束，李尔王和柯蒂莉亚没有死，两个恶毒的姐姐被逐。莎士比亚则只以原剧为行动的跳

《李尔王》剧照

板，写成的剧本动机既不纯，也未依贺林虚德而铺排情节，同时结局时所有的好角色都给毁灭了。其中角色的行为的无意义一如生命本身，而它所表现的老年无用的可怕景象、大多数凡人的愚蠢和生活的残酷，若无该剧浩伟诗情的提升，恐怕不是一般观众所承受得了的。《李尔王》中似乎没有任何基督教的教条，而且值得注意的是，他选了一个基督之前的年代，并叙写"杰罗波恩（所罗门王死后，北以色列第一王）统治以色列时"所发生的事情。

偶尔有人会说莎士比亚的戏剧正是反映他生活的一面镜子。但是《李尔王》的写成，却在和平繁荣之时，莎士比亚本人在事业和私人方面都未有烦扰。倒是在 16 世纪 90 年代末期，英国遭逢经济不景气，自己独子夭亡之际，莎士比亚写下了一连串轻松焕发的抒情喜剧。

和"国王"的人共事、事业腾达的这几年里，莎士比亚又搬了家，回到泰晤士河伦敦这端，在"银街"上租屋居住。

"银街"在圣奥累夫教区里，是城西北的贵族区，区里满是

漂亮的房屋，莎士比亚便租住在一家姓蒙特亚的法籍人家里。蒙特亚夫妇两人来自法国，以制作妇女头饰为生，最后入英国籍。

蒙特亚有独女玛丽，并收有徒弟史蒂芬·毕洛特，两人尽得头饰行业真传。1604年，玛丽和毕洛特论及嫁娶，蒙特亚夫妻两人遂求教于房客莎士比亚。

婚约协定中有关财产的事情是很重要的。莎士比亚受托为他们拟出双方都同意的嫁妆协定。有对夫妻代表毕洛特和玛丽的父母与莎士比亚氏做了许多商议之后，终于让双方达成了协定，毕洛特同意迎娶玛丽。一对新人于是在11月19日在圣奥累夫的小教堂里成亲，然后再返回蒙特亚家过日子。这时，"国王"在"白厅宫"以莎士比亚的《奥赛罗》展开圣诞季已有19天了。

当红演员——约翰·罗威

莎士比亚雕像

最后剧本

演戏的行业在史城从未被认为是高贵的行业。 曾经有一段时间，史城人也同伦敦人一样爱看戏。 莎士比亚小时候，戏班子还挺受欢迎，可是后来情况就改变了。 伊丽莎白去世前一年，史城议会正式决定，市政厅里再不得演戏，议员们若有发给演出执照者，科处 10 先令罚金。 10 年后，史城议会决定应采取更严厉的措施，凡违命让戏班子在城里演出的议员"罚款 10 镑"。

史特拉福像华维克郡许多其他的城镇一般，正在转变成清教徒的地区，一年比一年明显。 史城所发生的事情，全英国各地也正在发生，尤其是在南部和东部。 清教徒的教旨着重在勤奋工作和独立思考，颇能获得小有地位的中产阶级之心。

詹姆士为王时期，清教徒在国会中已拥有大多数的势力。1606 年，他们以人多势众而使国会通过一项法案，"防止并避免在舞台剧中大量滥用上帝圣名"。 要不是自国王以下太多人喜欢戏剧，清教徒才不肯通过法案，只对在台上的演员处以"一句话罚款 10 镑"的处罚；他们的意思是要根本通过立法，禁绝戏剧。

清教徒自然优点很多，不过若从英国戏剧着眼，清教却是绝对的一场大灾难。 这个运动若是早些席卷英国，那就不会有莎士比亚的剧本存在了。

莎士比亚的条件真是得天独厚，他所生活的时代里，是他可以面对没有特别偏见的观众的时代。 早两世纪之前，乔塞必须为爱情故事和写实的风格而与教会争执；半世纪之后，弥尔顿的丰溢才情又牺牲在清教严峻的祭坛上。 但是，莎士比亚初试笔

锋之时，却正是阳光普照的好时代，只要不触及政治，一个人爱说什么就说什么。所谓伊丽莎白的宽容时期，其实在许多方面并不宽容，只是在个人喜好方面，确实给了一般英国民众极大的自由。

16世纪80年代末期，剧作家们曾与清教派有短期的小冲突，他们让清教人物上台，穿戴着"一顶鸡冠帽，画成猴儿脸，装扮出豺狼的肚子"。到了90年代，剧作家对清教徒的态度已由愤怒转为嘲谑，饰演史达夫的演员只消把眼睛朝上一翻，用清教徒毫无表情的语调说"咳，我请求您，别再用虚荣来烦扰我"，包管博得满场哄笑。可是，10年之后，清教势力渐达于全国，因此剧作家开始害怕起来。旧日宽容笑谑的语调不见了，代之而起的是尖刻严厉之气。

这时，清教徒指责剧作家们已经失去他们昔日在戏里对简纯道德的尊奉。16世纪80年代的戏剧，角色的善恶界线分明。但至詹姆士王朝却为较新式的戏剧所取代，如柴普曼的剧作虽以道德为凭依，但剧中人却认为他们的情感才是最重要的。这时出了两个非下层中产阶级的剧作家：约翰·弗烈却及法兰西斯·柏蒙。他俩的剧作毫无道德概念，只为了声色之娱而已。

柏蒙曾模仿莎士比亚和赫伍德两人的作品。虽然莎、赫两人风格各异，但将两人同排并列，在当时却不是奇特之事，因为莎士比亚是"国王"的王牌作家，而赫伍德则是它的对手"王后"的头号作家，两人在16世纪90年代都是红透天边的剧作家，而且此后一直是伦敦大众的宠儿。

有个叫约翰·韦柏斯特的作家对当代的剧作家曾这般评论："我一向真正称赏柴普曼大师完全而提升的风格，江生大师苦心而谅解的作品；两位杰出的大师柏蒙和弗烈却的沉着可敬；莎士比亚先生、戴克先生和赫伍德先生的适切、愉悦以及丰饶、勤勉。"

把莎士比亚和赫伍德列为同流的作家，并且称赞是由于他的"丰饶、勤勉"，在今天看来未免不可思议，但是在当时，像

"环球"、"红牛"的剧作家与有学问的绅士相比，他们是属于一种不同而且稍稍逊色的阶级，那些绅士们呕心沥血的作品是只给私家戏院演出的。

或许当时的作家们太靠近莎士比亚了，竟至看不真切，辨识不出他的伟大来。 杜雷顿都不能给他更高的评价，只说他有"畅顺富于喜感的心绪"和"强烈的想象力……一如任何与舞台打交道的人"。 一位名叫汤玛士·弗利曼的牛津学生就"W·莎士比亚大师"写了一首热烈的打油诗，并称赞他戏剧中的"机智"，但他所提出的莎士比亚多才艺的例证，似乎仅限于他的维纳斯贪淫，而卢可莉丝却贞洁而已。 赫伍德曾就他所知道的剧作家的昵名写了篇韵文，其中说莎士比亚如"甘蜜"，他令人"销魂的羽笔支配着欢乐与炽情"。 这番赞誉并不比他对江生或柏蒙的称誉更高。 另一位牛津学生曾将莎士比亚与乔塞及史宾塞并列，但他同时也把柏蒙列进去了。

现存的唯一证据显示伊丽莎白和詹姆士两朝中还有人了解到他们之间有个巨人在走动的，是江生为"第一对开本"而写的有关莎士比亚的诗，江生终于按捺下个人的理论，而了解到莎士比亚——"他不是属于一个时代，而是属于所有的时代。"

江生的话至今犹睿智有理，其他同时的人所做的评论却显得不真实了。

江生像当时所有有学问的人一样，抱定了一个观点，认为凡是"便士观众"喜爱的必然毫无价值。 虽然他自己和柴普曼、柏蒙都写过一般大众叫好的戏，他们却反复在书中声言，真正好的写作，只能吸引少数一些上层而受过熏陶的人。 莎士比亚的剧作一直吸引着大

莎士比亚著作

量热情的观众，因而这时期里的理论家便觉得，这里面一定有
蹊跷。

詹姆士统治期间有个出版家，得了莎氏一部剧本要出版，他
便依着当时的这种文学风尚，对这部戏不曾受过下里巴人的鼓掌
而大加赞赏。 这出戏是《脱爱勒斯与克莱西达》。 其实《脱》剧
早经注册在案，并曾由"大臣"的人演过，只是尚未出版而已。
1609 年将它印出来的出版家恭喜读者能获得清纯无瑕的一部剧
本。 它"从未经舞台而陈旧变质，从未经粗俗的手掌、指爪拍击
过"，他要读者庆幸它从不曾"被大众的乌烟瘴气所污染"。

莎士比亚的观点之所以与江生或韦柏斯特等人大相径庭，是
因为莎士比亚不仅身为作家，他还是个演员，与大众时有接触，
同时更与剧团里的经济状况紧密相关。 莎士比亚在健康、重实
际的气氛中工作，他们并不注重理论，却重视成果。 甚至他对
自己个人的声誉并不十分关心，柴普曼、弗烈却、江生、赫伍德
都刻意出版自己的剧作，好让人赞赏，莎士比亚却不这么做。

1608 年，"环球"的"国王"又得了布莱克·弗莱尔戏院。
布莱克·弗莱尔戏院为理查·柏壁基所有，1600 年，亨利·伊
凡斯以每年 40 镑向他租用。 伊凡斯的童子剧团自开演便生意鼎
盛，但也从一开始便有大小麻烦纷至沓来。 伊凡斯在关闭戏院
时，无限黯然："有些孩子因国王命令而下狱了，而……40 镑的
租金却要续付。"

1608 年，布莱克·弗莱尔的孩子们演了一出柴普曼的戏，
剧中不仅法国皇后上了舞台，还给一位贵妇吃了一记耳光。 警
觉的法国大使立即提出抗议，结果三个小演员给关了起来，祸首
作家却逃了。

柏壁基觉得没有必要把戏院再租给童子剧团来和自己争生
意，套句库斯柏特·柏壁基的话："我们认为那房子该会适合我
们，因此……买下了剩余的租权……来安置成人演员。 他们是
何明基斯、康德尔、莎士比亚等。"

这些演员们又像处理"环球"一样，组成了董事会，只是现

在把租金给理查·柏璧基了。 7个股份平均分给理查·柏璧基、库斯柏特·柏璧基、威廉·莎士比亚、约翰·何明基斯、亨利·康德尔、威廉·史莱，以及一名外人——汤玛士·伊凡斯。7人共同分摊40镑的租金，并由柏璧基与其余6人于1608年8月9日各定下了租约。

皇家莎士比亚剧团演出

　　新董事会并未能使布莱克·弗莱尔戏院立即开幕，因为它必须经过一番大整修；更何况冬天里发生了大瘟疫，连"环球"都关了门。 "国王"的人出外去做巡回演出，10月才返回；然后，又早早在1609年春天的5月上路了。 1608年和1609两年里，詹姆士都曾为他们的私下演出付了酬劳。 布莱克·弗莱尔戏院确切的开张时间不可考，所知道的是，莎士比亚在那里演出不超过一两年就退休了。

　　布莱克·弗莱尔的居民终于退让了，容忍一家戏院夹在住宅之间。 他们一直至1618年才再就这件事情提出诉讼。

　　布莱克·弗莱尔戏院的贵族性质并未改变"国王"所演出的戏剧。 "国王"所演的仍是在"环球"和在宫廷里演过的叫座戏，虽然布莱克·弗莱尔的收费较高，"国王"却在经营它的一般方针上未做丝毫改变。

人们常提起说，布莱克·弗莱尔较高尚的气氛影响了莎士比亚的最后一批剧作：《辛柏林》、《冬天的故事》和《暴风雨》，但是这些却根本不是伊凡斯所上演的那种，从舞台技巧上来看，倒近于在"红牛"和他们打对台的那些戏。而《辛柏林》里宙夫之鹰所需做的精密、舞剧似的表演，以及《冬天的故事》里的田园舞蹈，则近似于赫伍德在那同时的一些剧作中的布局。

莎士比亚最后一批剧作所采用的情节技巧，整体而言，是属于老式的。他在《辛柏林》中使用的无头尸体是他曾大量在《亨利六世》中使用过的；同时，他使用少女扮书童的手法，也是在他早期喜剧里屡见不鲜的。在《冬天的故事》里，他采用的是葛林16世纪80年代一部畅销小说的情节。《冬天的故事》飞越海洋、飞度岁月，全然不顾英国传统戏剧里对时空情节统一的要求。

莎士比亚的许多剧情来源都显得沉郁忧闷，不知他怎么会选择如此无力、无趣的故事，一方面保持了大部分故事的完整，一方面又能变化形、质，使整个故事变成亘古长存的艺术。也许威廉·莎士比亚懂得炼金术吧，他能点化渣滓，使其成为黄金。

亨利六世

一般人都相信，《暴风雨》是莎士比亚自舞台退休前所写的最后一出戏。1609年在百慕大群岛附近发生了大海难，一船的英国人被迫在"巫仙群居，魔法氤氲"的"可怕海岸"上度过了10个月。有关海难的叙述传回伦敦，就让莎士比亚创造出了自己的妖岛。这部戏定然成于1611年之前，因为它在 1610 年获选为圣诞季的开锣戏，要在"白厅宫"的"宴会厅"演出。

对于这出最后的戏，莎士比亚又回到自《错中错》以来不曾采用的技巧；他遵守了严格的三一律，所有的情节都在一个下午发生在一个岛上。 莎士比亚写第一出喜剧时还是个雄心万丈的青年，他要模仿浦劳塔斯把事儿做对；等他写最后一部喜剧时，他对各种舞台技巧已是无所不知，他之所以又选用三一律的论点，是因为它刚巧适合他的需要。

莎士比亚还动用了早年他在历史剧里所应用的复杂的舞台布置，譬如给他的演员同仁这样的指示："艾丽儿（空气精灵）扮成女首鸟身之怪物上，在桌上拍打双翅，然后启动奇异的机关，满桌佳肴就消失了。"莎士比亚这样做并不是对"国王"的人做无理要求；大约在此同时，赫伍德正让"王后"的人在台上演出赫丘力斯遭宙斯的霹雳击毙，他的灵魂如星殒降于苍穹。《暴风雨》所以超凡特立之处，是魔幻灵异的台词。 除了莎士比亚，英国的大师们还未写出过比这更壮丽的诗篇。

有人认为剧中的魔法师——婆罗斯波罗抛弃魔杖，返回意大利，正是莎士比亚有心离开舞台回返史特拉福的写照。 但是莎士比亚一向不曾这般矫揉造作过，他一向是个客观的艺术家，不会突然在戏里插进自己的一些生平事略。

莎士比亚很有理由退休的。 他当演员已有 20 年，这是需要全副精神、体力而毫无保留的行业，即使在夏天或圣诞节都不得休息。 同时他也花了 20 年在剧烈的心智活动之上，创造了一系列伟大的戏剧和一批活灵活现的人物。 他之所以最后决定告别剧院，唯一的原因就是倦乏了。 他已工作得够久，应该歇息了。

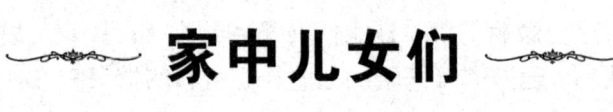

家中儿女们

莎士比亚在伦敦舞台上的最后几年里，他在史城的家发生了一些变化。

1607 年 6 月 5 日，他的长女苏珊娜嫁给了一位杰出的清教徒医生约翰·贺尔。这段婚姻在社会地位上应是很让莎士比亚满意才对。贺尔医生毕业于牛津大学，是地方上的绅士。他在华维克邻近地区执业，病人众多，且是高尚人士；后来，40 余里开外邻郡里的北安普顿伯爵都成为他的病人之一。下一朝王室想封他武士头衔，为他所拒。他身后留有拉丁文的医学日记，有位华维克的外科医生认为值得改写成英文付印发行。

像贺尔医生这般的清教徒通常不会在上层阶级有这么多病患客户的，然而，他却是"医术远近驰名⋯⋯连因为他的宗教而憎恶他的人都常利用他"。苏珊娜嫁给她那才俊清教徒丈夫时，芳龄 24 岁，贺尔长她 8 岁。苏珊娜不像丈夫那样是个热心的清教徒。内战期间，她孀居"新宅"，该屋曾获选为王后居处。她的墓志铭上说她"聪慧超越她的性别"，并加上一行——"其中有些莎士比亚的东西"。

这对新婚夫妇在贺尔农场居住，距"新宅"只几步路的路程。他们次年产下一女，于 2 月 21 日命名为伊丽莎白。

小伊丽莎白·贺尔长到 6 个月大时，她的曾祖母去世了。老莎的妻子玛丽活得比丈夫和 4 个儿女都久，终于得以见到莎家成为地方上的望族。自玛丽初嫁至今，世事变迁，竟有如此者！

1608 年 9 月 9 日玛丽下葬，莎士比亚返乡为母奔丧，逗留至次月。10 月的一个星期日上午，他在教堂里做了一个名唤威廉·华克的孩童的教父。

就在 1608 年这年较早时，史城另有一个孩子也取名威廉，而且这位小威廉·葛林可与"新宅"有渊源，他和父母就住在"新宅"，有个 4 岁的姐姐，名叫安。 就两姐弟分别名为安和威廉来看，他们的父母一定和屋主莎士比亚的妻子——安感情甚好。

汤玛士·葛林是当地的律师，生意兴旺。 1601 年时来到史城，一住就是 15 年，最后虽然成了伦敦数一数二的律师，却常无限眷恋地提起在史城的"金色时光"。

苏珊娜离开以后，葛林一家仍住在"新宅"，不过他自己已买了房子，命名为"圣玛丽之家"。

由葛林的日记或可看出莎士比亚退隐的大概时间。 葛林将"圣玛丽之家"租给一位姓伯朗的人。 他要伯朗在 1610 年 3 月 25 日前把房子空出来，好让他在 9 月 29 日前搬进自己的房子里。 若不是"新宅"主人此时要告老还乡，葛林岂会舍得离开代表着社会地位的"新宅"吗？

莎士比亚故居

要想重现莎士比亚家的形貌已是不可能了。 18 世纪初，它就被拆平而改建成另一种款式。 不过，根据契约书上的陈述，与原先的基础来看，它的正面长 60 尺，有 10 个壁炉，面向花园那边有扇凹进的窗户。

一位小时曾在莎家玩耍的人在 18 世纪时回忆说，有道大砖墙隔着"新宅"与街道，墙内直到屋前是碧草如茵的天井，屋子正面为砖墙所砌，其上有简朴的铅架窗户。 朝向教堂巷那面有两个谷仓、两片果园。 "新宅"的花园上溯至休·柯罗普登爵士的年代，花木扶疏，景色秀雅。 莎士比亚去世之后的 15 年，一位汤玛士·邓波尔爵士还要求分些园里某一种藤蔓的芽苗。

这幢房子大得够皇后使用，不过，在莎士比亚一生里，有关"新宅"殷勤待客的记录却只有一次。 1614 年，政务官的记载里有这样一则："1 夸尔白葡萄酒和 1 夸尔红葡萄酒送给在'新宅'的一位教士。"

1612 年复活节期间，莎士比亚被召赴伦敦，为一件家庭纷争作证。 玛丽·蒙特亚和史蒂芬·毕洛特的婚姻遭逢了困难，主要是玛丽的爸爸古怪。 蒙特亚太太在玛丽婚姻安排妥当后两年死去，之后丈人和女婿之间的关系便日趋紧张。 克立斯多佛·蒙特亚拒付他原先答应的嫁妆，并公开宣称在遗嘱里一个子儿也不留给女儿。 最后，毕洛特具状控告泰山，强迫他给付嫁妆，于是一长列人士纷纷出庭作证。

"华维克郡内，爱汶河畔史特拉福的绅士，威廉·莎士比亚"，共被问了五个问题，只被传讯了一次。 他作证说，他两人婚约有 10 年了，毕洛特是个善良、忠实的学徒，蒙特亚太太曾请他安排婚姻，其间双方会商多次。 他说当时毕洛特一直就住在蒙特亚家里，但是不记得婚约中确实的协议了，而且对于蒙特亚将在遗嘱中留些什么给毕洛特，也一无所悉。

等到高等法院第四期开庭时，庭上最后决定，这件案子不在他们管辖范围之内，把它交给在伦敦的法国休格诺教会（法国十六七世纪间的基督教新教）去解决，因为这两人均属于该教会。

教会命蒙特亚付给女婿 20 金币，蒙不从。 教会长老传他两次，他都拒不出面，教会于是将他逐出会外。 不过把他逐出会外，主要还是由于他金屋藏娇。

庭讯之后这年冬天，伊丽莎白公主要出阁了。 "国王"的人要在庆典中演重头戏。 财务部已经付给约翰·何明基斯 153 镑 6 先令 8 便士。

"国王"此番演出，莎士比亚的剧作超过了任何其他作家，有《奥赛罗》、《冬天的故事》、《暴风雨》、《无事生非》、《尤力乌斯·恺撒》以及《亨利四世》中的《性急的人》和《约翰·法史达夫爵士》。

1613 年 2 月伊丽莎白婚礼后，接着便是 3 月 24 日国王登基周年纪念。 每次遇上这种场合，总是举行盛大比武会。1613 年的比武大会之所以特别引人注意，是因为威廉·莎士比亚插了一手。

在比武会里有个相沿了约一世纪的习惯，那就是武士们要携带纸盾，赛后这些纸盾便收齐，悬挂在"白厅宫"的一个房间里，永久陈列。 武士们在纸盾上绘上图画，再写上一句话，或者暗示他的身份，或者他心里的想法。 猜测这些宫廷

《亨利四世》

小谜语就成为参加比武大会的乐趣之一。 譬如有个武士正爱得晕头转向，便画维纳斯在云端；另有个武士不蒙王上恩宠，便画个人儿在爬山，却让逆风往回吹着。 有个武士什么也想不出，便让纸盾空着，只在底下摆了画笔和一些颜料，他的意思是："照您的意思描绘我吧。"

165

在这种场合中，每个武士都想别出心裁，比别人更见巧思。1613年，新卢特兰伯爵——法兰西斯·麦纳斯特别想要出风头。他花了24先令给马镫镀金，又以24镑装饰了大小长短不一的羽毛，以及4镑8先令付给威廉·莎士比亚和理查·柏璧基，替他设计一面盾牌。

莎士比亚帮他想佳言妙句，柏璧基帮他画图样。柏璧基除了会演戏，还画得一手好画，他所作的一幅女子肖像还在杜维区学院里挂了好一阵子。

两个天才合作的结果一定是让观众大开眼界，当时唯一留下了记录的一位观众说，除了潘布罗克伯爵与其弟所佩的图饰之外，没有哪个是可看的，甚至于有些"他们的意义都不能让人明白"。还有，天又下雨，卢特兰伯爵的羽毛还不等比武结束，就已经湿淋淋的了，真让人垂头丧气啦！

布莱克·弗莱尔交易过后3个月，"国王"在"环球"推出杰作——莎士比亚的新剧《一切是真》，但后来在"第一对开本"中，却以《亨利八世》为名。此剧是一出盛大的历史剧，用以赞美伊丽莎白女王的诞生，少有刻画角色的余地。不过排场倒是浩大华丽，"国王"的人也被大大利用了一番。

这出戏预备在1613年6月29日演出。那天，最后的一部喜剧演完后，莎士比亚新剧说开场白的演员登场了，告诉观众们仔细倾听一些严肃而高贵的事情，而说收场白的

亨利八世

演员则准备好要请女性观众们特别鼓掌。然而那天却没演收场白。

第一幕戏里,在伍尔西枢机主教的屋里有一场盛大的舞会,亨利八世便在这里初遇安·波林。当国王进场时,舞台指示要吹奏高音笛,这种乐器声音尖锐,有点像簧乐器的音调。有时为壮大声势,有些戏院则将喇叭与加农炮混合使用作为替代。许多戏院自苫草屋顶发射加农炮已有多年,从未发生过问题。可是6月29日,"环球"南边的苫草却被引燃了,刚开始是闷烧,经风一吹,变成了熊熊大火,不到两个钟头,整栋建筑便给烧个精光。这是自圣保罗教堂塔尖的焚烧以来,伦敦最猛烈的一场大火。第二天,便有关于这件大新闻的两首歌谣送到"出版注册处"去注册。这次事件无人伤亡实是大幸,因为"环球"只有两个窄门进出。

拥有"环球"的是伦敦演员群中最富的一批人。1614年春天将至,他们又"新建了比从前漂亮得多"的戏院。约翰·何明基斯负责财务事宜。莎士比亚此时持有"环球"1/14的股份,他所应分摊的费用是100镑。

1616年莎士比亚去世时一定把"环球"和"布莱克·弗莱尔"两戏院的股份处理掉了,因为在他遗嘱中并未提起。也许在戏院烧毁重建之时,他就不想再参与了,而把"环球"的股份处理了。可是"环球"却是一种极好的不动产收入,是一种安全的投资方法,因此也可能继续拥有股权,却在去世前先处理了。莎士比亚这样做也许是想避免重蹈菲力浦斯的覆辙,不愿让股份流入外人手中,以免增加戏院营运的困难。

这时,约翰·何明基斯正为同样的事情而卷入法律诉讼中。威廉·史莱殁后,他的股权还回戏院,交给另一青年演员。1614年,这个演员亡故了,他的股权便由其妻子杜玛西娜持有。杜玛西娜是何明基斯的女儿,何却把股权扣留了,做女儿的于是告了老爸一状。何明基斯显然认为戏院的利益与戏院的顺利营运较诸女儿的合法权益更重要。莎士比亚在死前就把股

皇家莎士比亚剧院

权处理了，恐怕是他的先见之明吧。

　　火烧"环球"的那个6月，史城还有件事闹得满城风雨，事情的主角竟是莎士比亚的长女苏珊娜·贺尔。 有个家境富有叫约翰·蓝的青年，毁谤苏珊娜，说她不仅在贺尔医生家里"发号施令"，而且与约翰·帕玛家的拉菲·史密斯有染。

　　贺尔夫妻不能容忍蓝的诋毁，即刻在乌斯特的宗教法庭兴讼控告他，被告不敢出庭，贺尔夫妇胜诉。 这时苏珊娜30岁，女儿5岁。

立下遗嘱

1616年2月10日，莎士比亚的小女儿茱蒂丝与老友理查·昆尼的儿子汤玛士·昆尼喜结连理。 由于是在禁戒期中成婚，并未取得特别执照，因此受到乌斯特宗教法庭的处分。
茱蒂丝这年 30 岁，汤玛士·昆尼则是 27 岁。 汤玛士原在高街
经营酒店，名叫"阿特伍"，后来又改在桥街和高街交角处，经
营一家更大的酒店，叫"笼"，就靠近十字市集。 茱蒂丝婚后
便在这里居住。

莎士比亚故居

茱蒂丝的父亲在她婚前一个月已经立下遗嘱。 现在她结婚
了，她父亲认为给她的遗产有些要修改，便在 3 月把律师召到
"新宅"来。

这份遗嘱又乱又草，改得一塌糊涂。 律师是来自乌斯特的
法兰西斯·柯林斯，他一向难得帮客户写上一份干净清爽的遗
嘱。 虽然柯林斯没有在遗嘱上头声明莎士比亚"身体虽病，心
思却明"，但莎士比亚在立遗嘱之时应是身心俱健的。

莎士比亚的遗嘱有一个主要而坚决的目的，那就是将所有不
动产完整地留给一位男性后代。 莎士比亚的独子早年夭亡，目

前莎家并无男性后代，然而苏珊娜还年轻，仍有可能会生儿子。就算她不生，外孙女伊丽莎白也可能会生，再不然，他也还有茱蒂丝。

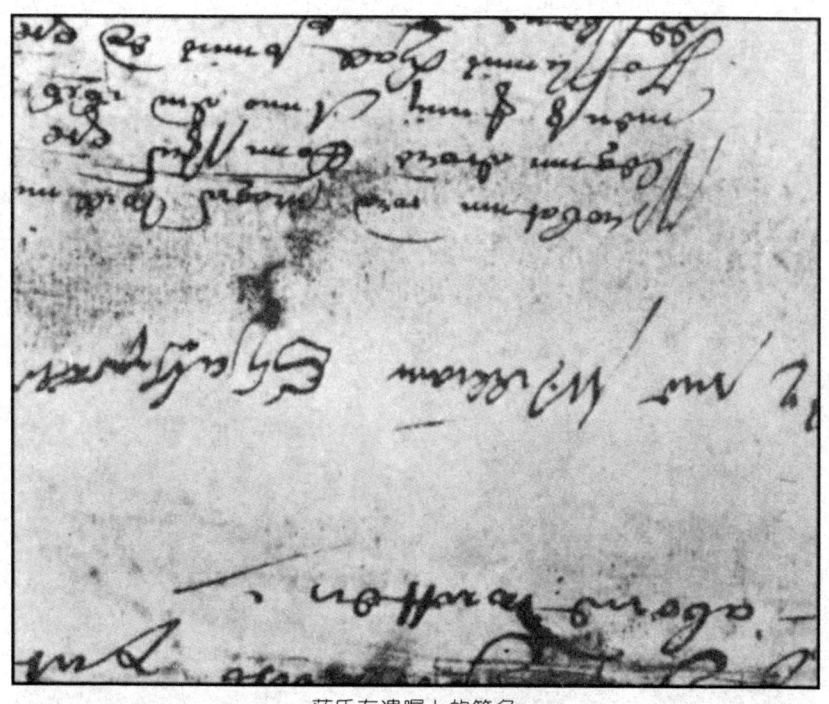

莎氏在遗嘱上的签名

莎士比亚的遗嘱一开始便写着给茱蒂丝的遗产，由于房地产要完整地留给男性子嗣，因此她得到的是一笔丰厚的现款，分为两份，各是150镑。 第一份的一部分立即给付，另一部分则在她放弃教堂巷的地产权后给付。 第二份的150镑要等3年后茱蒂丝本人或她的子嗣还活着，那时才给付，否则，依然由莎家保留。 茱蒂丝的丈夫汤玛士必须先给太太同等价值的土地，才能拥有茱蒂丝继承的遗产。

莎士比亚的土地悉数归属长女苏珊娜所有，包括"新宅"、向盖特里购买的别墅、在布莱克·弗莱尔租给人住的房子、在汉里街继承自父亲的两栋房子，以及"我所有的谷仓、马厩、果

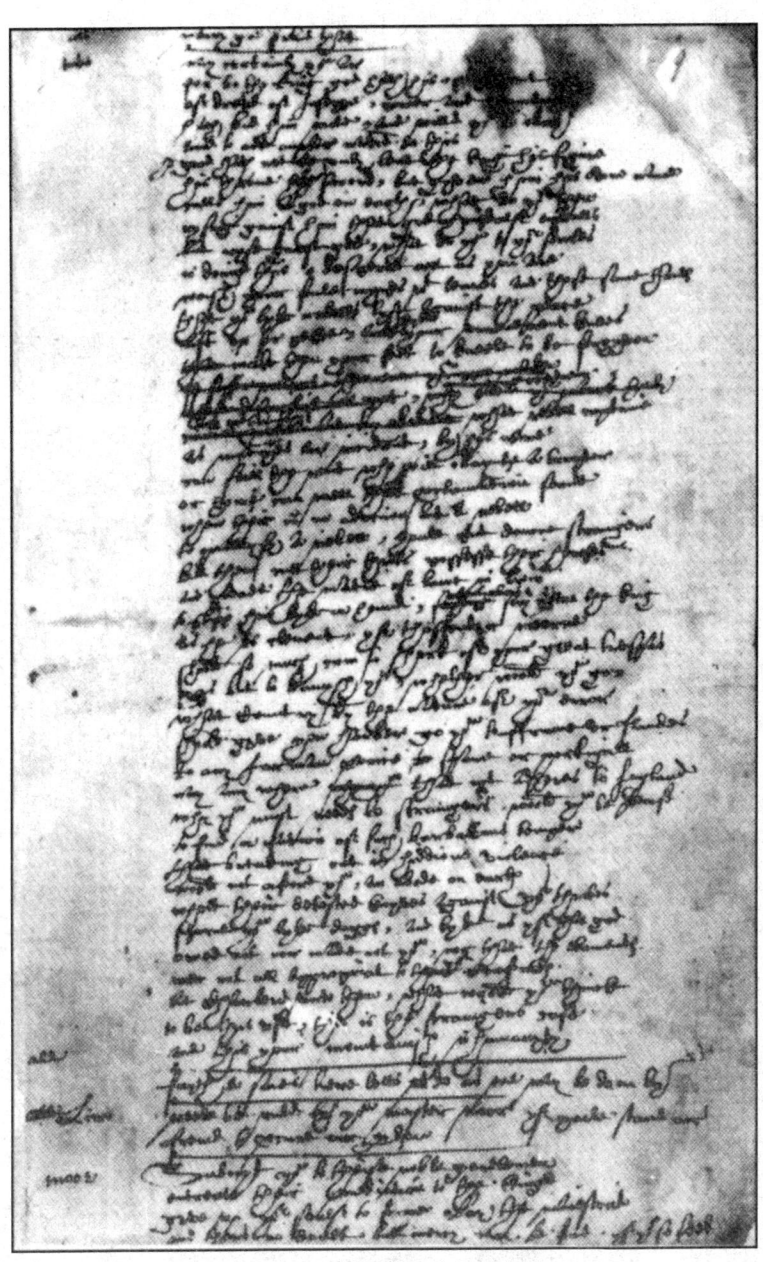

有人认为这就是莎士比亚的真迹

莎士比亚
Shashibiya

园、土地、租地和一切的世袭财产"。 苏珊娜活着的时候可以使用所有这些房地产，以后便归属她的长子。 长子倘使不活，则遗次子，次子倘使又不活，则予三子；这继承的次序仔细地列到"她身体合法所出的第五、第六、第七个儿子"。 那时的遗嘱鲜有列得这般详尽的。 一般情形都是：苏珊娜倘无儿子，便由她女儿伊丽莎白·贺尔之子继承，伊丽莎白若无儿子，则归茱蒂丝·昆尼之子继承。

莎士比亚让唯一还活着的妹妹琼终生租住在汉里街，每年只象征性地收 12 便士。 他还留给她 5 镑现款和他所穿的衣服；至于她的三个儿子则各给 5 镑。 此外，他还留给茱蒂丝一个最贵重的盘子、一只镀银的碗，其他所有金银器皿则全留给外孙女伊丽莎白。 他遗赠 20 先令的金子给教子威廉·华克，10 镑给史城穷人。 另外，他遗给好友们现金、纪念戒指等。

莎士比亚将家里次好的床留给发妻，这次好的床可能是家人用的，因为最好的床通常用以待客。 全部的"家当"都归给贺尔医生、夫人，他们也是莎士比亚指定的遗嘱执行人。

安·莎士比亚至少和女儿之一是亲密异常的。 她墓碑上的铜牌镌字与当时别人的碑铭相比较，显得特别地富含感情——

"身为女儿的，哀悼她的母亲给了她生命，而她的回报却是墓碑一方。 她祈祷基督快些降临，好让她母亲重行升天，寻游于星际。"

因为现在苏珊娜是"新宅"的主人了，母亲的墓碑可能是由她立的，寡母晚年恐怕也在她的伴护下度过吧。

莎士比亚遗嘱的语调不带一丝个人情感。 可是这时期里大部分人的遗嘱都是亲昵而感情洋溢的，像康德尔提到他"至爱的妻子"，何明基斯要求葬在"我爱妻莉贝嘉的近旁"；而莎士比亚则把自己对家人和朋友的私情藏在心中。

莎士比亚在遗嘱的每页上都签了姓名，在第三页和最后一页上分别写有"由我，威廉·莎士比亚所立"的字样。

超越同时代
的所有作家

遗嘱修订后约莫一个月，莎士比亚去世，享年仅 52 岁，但已比他所有的弟弟都活得久了。当演员的艾德蒙 9 年前就葬于伦敦，吉伯特和理查也分别于 1612 年、1613 年谢世。莎士比亚逝世的日子在墓碑上被记为 1616 年 4 月 23 日，教区里的记录则显示他在两天之后下葬。他躺在木棺里被人从家中抬出，对面市政教堂的钟适时被修好，为他敲响了丧钟。

莎士比亚因为是俗家牧师，故此下葬在教区教堂里圣坛的围栏内。圣三一体教堂原是幢美丽的建筑，可是，莎士比亚过世时，它的圣坛已经年久失修，乏人照管。雨水的渗入使得墙上的油漆斑驳脱落，窗玻璃也需要重上釉彩了。

圣坛北边的墙后有一间牧师的书房，其中有地下坟墓，作为藏骸所。因为英国的墓地里"鬼"满为患，习惯上常将旧骨移入藏骸所，好腾出地方埋新骨。莎士比亚的坟墓上有首歪诗，以防止这种事情发生——

圣三一教堂

好朋友，念在耶稣的分上，请莫挖掘此中的骨骸。

莎士比亚
Shashibiya

祝福那宽饶这些尸骨的人，诅咒那移动我骨之人。

　　墓上靠墙立有精致的大理石墓碑，当时约需 60 镑钱，是十分昂贵的，可能是由贺尔医生夫妇所立。 墓碑虽贵，却如当时一般的墓碑一样缺乏创意。 在两个大理石柱之间，有这位大诗人的半身雕像，以传统握纸笔的方式，来表示他曾是个作家。

莎氏的雕像

　　雕像刻在石灰石上，因为它容易上绘彩，五官由雕刻者以传统方式雕出，再由画师着色；眼睛淡褐色，头发赤褐色，紧身上衣绛红色，宽松的长外衣黑色，双手放置的垫子是绿色和深红色，并带金色流苏。 在这肖像之上，有莎士比亚双臂雕在石上，并有头在两臂上方，两边各有带翼天使，持锄者代表辛劳，持着上下倒置的火炬代表安息。 肖像之下，有拉丁文、英文夹杂的铭词，其中提及莎士比亚在智慧上追随苏格拉底，在艺术上则与维吉尔相媲美。

　　法兰西斯·柏蒙比威廉·莎士比亚早去世一个月，葬在西敏寺乔塞和史宾赛墓旁。 有个牛津的学生以为，莎士比亚亦应安魂于该处才是，不过，有个叫威廉·贝斯的却在诗里这么表示——

　　在你雕刻之大理石下，且安睡，旷世悲剧大家莎士比亚，且独自安睡。

　　史特拉福从来没有人想过莎士比亚应该葬在西敏寺，他们大

莎士比亚长眠的教堂

约也觉得他的墓碑已经够值钱、够高贵了。 1623 年，圣坛重加修理、油漆，窗户也重新上釉。 鲜丽的漆彩与莎士比亚明净的大理石墓碑交互辉映。 在史特拉福城里，有谁知道在这虚饰、冷硬的墓石之下，是颗永生不息的灵魂！

莎士比亚遗嘱里殷殷期盼的男性子嗣始终没有出现。 贺尔夫妇一直就只有独女伊丽莎白。 伊丽莎白后来虽封为命妇，成为伯纳德夫人，寿长且富有，却一个儿子也没有。 茱蒂丝·昆尼倒是育有三子，最长的命名莎士比亚；然而茱蒂丝 77 岁归天时，她的三个儿子已早她先去了。 等到 1670 年，伯纳德夫人去世，莎家的直系香烟遂绝。 莎士比亚小心攒聚、保护的地产因此落入外人之手，只得一方寻常的墓前雕像告诉世人，这位英国的巨人曾在史特拉福的街巷里走过。

莎士比亚对自己的剧本是否留存后世从未关心过，很可能他认为比不上自己的土地值钱。 然则他的演员同仁却不这么想。莎士比亚殁后 7 年，他们为他竖起了碑石，那就是他足本剧作的出版，也就是著名的"第一对开本"。

"国王"的人希望莎士比亚的剧本能够传世，广为大众所欣赏。但是把36出剧本收在四开本里未免太厚了，只有印成对开本较理想，这样花费就昂贵得多了。

莎士比亚"第一对开本"

对开本通常由有关历史、神学、医药的高尚书籍所采用，像剧本这样昙花一现的通俗作品是不曾以对开本印过的。唯一胆敢把自己的剧作印成对开本的是班·江生，时间就在莎士比亚去世那年。

何明基斯和康德尔也决定把莎士比亚的剧本以对开本印行。他们克服万难，于1623年11月8日在"出版注册处"登记了莎士比亚剧本"第一对开本"的版权。

书上的作者图像出于一个二十出头叫马丁·左肖特的画家之手，画中人是常见的全身的四分之三大小，笔法拘谨无误。班·江生指出所绘形貌与莎士比亚颇像。这帧绘像虽然僵硬，倒也直率利落。

这时候兴起在书里印上一大串诗作为前言。柏蒙和弗列却印对开本时，书前有36首诗。莎士比亚的对开本则只有4首前言诗，因为莎士比亚在当时并无柏、弗两人的文学地位高，而何明基诗和康德尔所认识的诗人恐怕也不多。

何、康二人最熟识的诗人是班·江生，而他也是莎士比亚的密友。江生既然是当代英国文学界的泰斗，让他来写诗推介应是再理想不过了。

江生共写了八十行诗，用来"怀念我所挚爱的作者，威廉·莎士比亚大师，与他所遗留予我们的"。他忍不住要提到莎士比亚"粗浅的拉丁文和更浅拙的希腊文"造诣；可是他更进一步说，只有最伟大的希腊剧作家才堪与莎士比亚相比，他已经超越了他同时代的所有作家。他是大自然之子，鸣唱着自然朴拙的歌曲，全无刻意的拘饰。

莎士比亚墓碑

何明基斯和康德尔并请到潘布罗克伯爵及蒙哥马利伯爵两兄弟，做"第一对开本"的赞助人。

毫无疑问，这本书"很使生者喜欢"，因为在 10 年之内又应读者要求出了第二版。何明基斯和康德尔不用石碑，却以莎士比亚自己的字句为他建起了永恒的纪念碑。

何明基斯和康德尔也老去、凋谢了。清教徒接掌大权，关闭了英国各地的剧院。莎士比亚的最后一位后代亡故后，莎家的直系香火便告断绝。但是莎士比亚的剧本却世世代代传颂下去，每逢新生一代便有更多的人敬爱他。

由于敬仰莎士比亚的人与年俱增，何明基斯和康德尔为他所建的碑塔早已遍及世界各地了。

莎士比亚的戏剧创作

一般来说，莎士比亚的戏剧创作可分以下三个时期：

第一时期（1590～1600），以写作历史剧、喜剧为主，有9部历史剧、10部喜剧和2部悲剧。

9部历史剧中除《约翰王》是写13世纪初英国历史外，其他8部是内容相衔接的两个四部曲：《亨利六世》上、中、下篇与《理查三世》；《理查二世》、《亨利四世》（被称为最成功的历史剧）上、下篇与《亨利五世》。这些历史剧概括了英国历史上百余年间的动乱，塑造了一系列正、反面君主形象，反映了莎士比亚反对封建割据，拥护中央集权，谴责暴君暴

《莎士比亚全集》

政，要求开明君主进行自上而下改革，建立和谐社会关系的人文主义政治与道德理想。

10部喜剧是《错误的喜剧》、《驯悍记》、《维洛那二绅士》、《爱的徒劳》、《仲夏夜之梦》、《威尼斯商人》、《温莎的风流娘儿们》、《无事生非》、《皆大欢喜》和《第十二夜》。这些大都以爱情、友谊、婚姻为主题，主人公多是一些具有人文主义智慧与美德的青年男女，通过他们争取自由、幸福的斗争，歌颂进步、美好的新人新风，同时也温和地揭露和嘲讽旧事物的衰朽和丑恶，如禁欲主义的虚矫、清教徒的伪善和高利贷者的贪鄙等。莎士比亚这一时期戏剧创作的基本情调是乐观、明朗的，充满着以人文主义理想解决社会矛盾的

信心，以致写在这一时期的悲剧《罗密欧与朱丽叶》中，也洋溢着喜剧气氛。尽管该剧主人公殉情而死，但爱的理想战胜死亡，换来了封建世仇的和解。然而，这一时期较后的成熟喜剧《威尼斯商人》中，又带有忧郁色彩和悲剧因素，在鼓吹仁爱、友谊和真诚爱情的同时，反映了基督教社会中弱肉强食的阶级压迫、种族歧视等问题，说明作者已逐渐意识到理想与现实之间存在着难以解决的矛盾。

第二时期（1601～1607），以悲剧为主，写了3部罗马剧、5部悲剧和3部"阴暗的喜剧"或"问题剧"。

罗马剧《尤利乌斯·恺撒》、《安东尼和克莉奥佩特拉》和《科里奥拉努斯》是取材于普卢塔克《希腊罗马英雄传》的历史剧。

《哈姆雷特》剧照

四大悲剧《哈姆雷特》、《奥赛罗》、《李尔王》、《麦克白》和悲剧《雅典的泰门》标志着作者对时代、人生的深入思考，着力塑造了这样一些新时代的悲剧主人公：他们从中世纪的禁锢和蒙昧中醒来，在近代黎明照耀下，雄心勃勃地想要发展或完善自己，但又不能克服时代和自身的局限，终于在同环境和内心敌对势力的力量悬殊斗争中，遭到不可避免的失败和牺牲。哈姆雷特为报父仇而发现"整个时代脱榫"了，决定担起"重整乾坤"的责任，结果是空怀大志，无力回天。奥赛罗正直淳朴，相信人而又疾恶如仇，在奸人摆布下杀妻自戕，为追求至善至美反遭恶报。李尔王在权势给他带来的尊荣、自豪、自信中迷失本性，丧失理智，幻想以让权分国来证明自己不当国王而做一个普通人也能同样或更加伟大，因而经受了一番痛苦的磨难。麦克白本是有功的英雄，性格中有善和美的一面，只因王位的诱惑和野心的驱使，沦为"从血腥到血腥"、懊悔无及的罪人。这些人物的悲剧，深刻地揭示了在资本原始积累时期已开始出现的种种社会罪恶和资产阶级的利己主义，表现了人文主义理想与残酷现实之间矛盾的不可调和，具有高度的概括意义。

由于这一时期剧作思想深度和现实主义深度的增强，使《特洛伊罗斯与克瑞西达》、《终成眷属》和《一报还一报》等"喜剧"也显露出阴暗的一面，笼罩着背信弃义、尔虞我诈的罪恶阴影，因而被称为"问题剧"或"阴暗的喜剧"。

第三时期（1608～1613），倾向于妥协和幻想的悲喜剧或传奇剧。

主要作品是4部悲喜剧或传奇剧：《泰尔亲王里克里斯》、《辛白林》、《冬天的故事》、《暴风雨》。这些作品多写失散、团聚、诬

莎士比亚诞辰一百周年纪念碑

陷、昭雪。这些作品中尽管仍然坚持人文主义理想，对黑暗现实有所揭露，但矛盾的解决主要靠魔法、幻想、机缘巧合和偶然事件，并以宣扬宽恕、容忍、妥协、和解告终。

莎士比亚还与弗莱彻合作写了历史剧《亨利八世》和传奇剧《两位贵亲》，后者近年来被有的莎士比亚戏剧集收入。莎士比亚是世界范围内文学造诣首屈一指的作家，这看来是不容置辩的。相对来说，今

天很少有人谈乔叟、维吉尔甚至荷马的作品，但是要上演一部莎士比亚的戏剧，肯定会有很多观众。莎士比亚创造词汇的天才是无与伦比的，他的经典语言常被引用——甚至包括从未看过或读过他的戏剧的人。莎士比亚的作品已经经受住了时间的考验，不但在过去的几个世纪里，而且在将来的许许多多世纪里也将会受到普遍欢迎。

莎士比亚年表————————

1564年　4月23日生于英格兰史特拉福镇。

1568年　4岁,父任史城市长,开始学写字母。

1579年　15岁,完成文法学课程。

1580年　16岁,史城定期有剧团表演,开始接触戏剧。

1582年　18岁,与安·哈瑟威结婚。

1583年　19岁,长女出世,取名苏珊娜。

1585年　21岁,得一男一女的双胞胎,分别命名为汉尼特与茱蒂丝。

1587年　23岁,前往伦敦,加入剧团,开始演员生涯,并开始尝试写剧本。

1592年　28岁,被公认是成功的演员。《蔷薇战争》写成,3月,公开演出。再写成《泰塔斯·安钟尼珂斯》及《错中错》。

1593年　29岁,《空爱一场》写成,瘟疫肆虐伦敦,剧院关闭,写成古典叙事诗《维纳斯与鄂多尼斯》。4月,该书出版。再写《卢可莉丝之辱》,5月出版。

1594年　30岁,改变写作方向,尝试与大众融为一体。加入"政务大臣"剧团,开始在女王御前演出。写《理查三世》、《驯悍记》二剧本。

1595年　31岁,《仲夏夜之梦》、《理查二世》相继完成。

1596年　32岁,独子汉尼特夭亡。10月,父丧。完成的剧本有《威尼斯商人》、《罗密欧与朱丽叶》、《约翰王》等。

1597年　33岁,枢密院命所有戏剧停演,"大臣"剧团开始巡回演

莎士比亚
Shashibiya

出。完成《亨利四世》。

1599 年　35 岁，"环球"剧院落成，上演《裘留斯·恺撒》，连续完成《第十二夜》、《如愿》、《无事自扰》及《温莎的风流娘儿们》。

1600 年　36 岁，出版《爱的朝圣者》及《巴拿瑟斯》两本文选。

1601 年　37 岁，完成《哈姆雷特》一剧，演出并造成轰动。

1602 年　38 岁，买地置产，成为大地主。《恶有恶报》完成。

1603 年　39 岁，3 月，伊丽莎白女王去世。詹姆士一世继位。英、西两国达成和平协议。

1604 年　40 岁，完成名剧《奥塞罗》及《皆大欢喜》。

1605 年　41 岁，《李尔王》写成。

1606 年　42 岁，写《麦克白》一剧，作为歌颂詹姆士王的演出。

1607 年　43 岁，弟艾德蒙去世。写《安东尼与克丽奥佩出拉》。

1608 年　44 岁，再度参加剧院董事会。9 月，母逝。

1609 年　45 岁，完成《辛柏林》。

1611 年　47 岁，最后的剧作《冬天的故事》、《暴风雨》写成。

1612 年　48 岁，伊丽莎白公主出阁，莎氏剧作大量演出，以示祝贺。

1613 年　49 岁，新剧《一切是真》演出，但因剧院发生火灾，终告无疾而终。

1616 年　1 月，预立遗嘱。3 月，修改遗嘱内容。4 月，莎士比亚卒，享年 52 岁。